Harald Jes

Das
Terrarium
einrichten und pflegen
leicht gemacht

Experten-Rat für
das erste Terrarium

Mit Farbfotos bekannter
Tierfotografen

Zeichnungen:
György Jankovics

GU GRÄFE UND UNZER

Inhalt

Vorhergehende Doppelseite:
Zwei Blauschwanzskinke in dem für sie typischen Lebensraum, einem Wüstenterrarium, eingerichtet mit Sand, Steinen und Gräsern.

Zum Drohen stellt die Bartagame ihre stachelig verlängerten Kehlsschuppen auf.

Vorwort

Skelettfunde belegen, daß die Urahnen der Terrarientiere bereits vor mehr als 350 Millionen Jahren unsere Erde bevölkerten. Eine ganz besondere Faszination geht von den Amphibien und Reptilien wohl vor allem deshalb aus, weil sie so grundverschieden sind von den uns Menschen näher stehenden Säugetieren und Vögeln. Und viele von ihnen, besonders viele Echsen, erinnern an die Saurier längst vergangener Zeiten – die zwar vor 60 Millionen Jahren ausgestorben sind, aber immer noch unsere Phantasie beschäftigen.

Leicht verständlich erklärt Terrarien-Experte Harald Jes die biologischen Besonderheiten der Terrarientiere und damit einhergehend die Notwendigkeiten der Einrichtung eines Terrariums sowie die erforderlichen Pflegemaßnahmen. Porträts der für ein Anfänger-Terrarium geeigneten Amphibien und Reptilien erleichtern Ihnen die Auswahl und weisen ausführlich auf die jeweils tiergerechte Haltung hin.

Auf PRAXIS-Seiten erhalten Sie zusätzliche Tips für Einrichtung und Dekoration der verschiedenen Terrarientypen sowie für die optimale Pflege der Tiere. Zum Thema Artenschutz erfahren Sie alles, was zu beachten ist. Die gründlichen, praxisorientierten Anleitungen, in Verbindung mit zahlreichen großformatigen Farbfotos und informativen Zeichnungen, machen dieses Buch zu einem unschätzbaren Ratgeber für alle Terrarien-Neulinge.

Viel Freude mit Ihrem Terrarium wünschen Ihnen Autor und GU Naturbuch-Redaktion.

Bitte beachten Sie die »Wichtigen Hinweise« auf Seite 63.

Terrarientiere kennen- und verstehen lernen

Im Laufe ihrer Millionen Jahre alten Geschichte haben Amphibien und Reptilien sich ihren jeweiligen Lebensräumen angepaßt und entsprechende Besonderheiten entwickelt.

Skelett und Muskulatur

Skelett: Amphibien besitzen ebenso wie Reptilien ein Skelett, wobei das der Amphibien vergleichsweise wenig Kalzium enthält, ihre Knochen daher meist elastischer sind als die der Reptilien. Bei den Schildkröten entstand aus Wirbelsäule, Rippen, Teilen des Schultergürtels und Hautverknöcherungen der starre »Panzer«, in dem nur die Hals- und Schwanzwirbel bewegliche Elemente blieben.

Gliedmaßen:
• Baumbewohnende Echsen wie Streifenbasilisk und Grüner Leguan lassen sich an ihren extrem langen Gliedmaßen und scharfen Krallen erkennen. Als »fünfte« Hand wird vom Chamäleon zusätzlich der zum Greifen ausgebildete Schwanz gebraucht. Eine Besonderheit sind die einander gegenüberliegenden Zehen der Chamäleons, mit denen sie Zweige richtiggehend umklammern können (→ Zeichnung, Seite 11).
• Bodenbewohner wie Leopardgecko und Bartagame dagegen haben kurze, muskulöse Beine, häufig mit kräftigen, zum Graben geeigneten Füßen.
• In oder am Wasser lebende Reptilien wie die im Porträtteil vorgestellten Schildkröten (→ Tierporträts, ab Seite 34) besitzen meistens Schwimmhäute zwischen den Zehen.

• Besonderheiten sind die Saugnäpfe an Fingern und Zehen der Laubfrösche und die Haftlamellen vieler Geckos, mit denen diese auch an glatten und senkrechten Flächen Halt finden.

Schwanz: Eine weitere anatomische Anpassung an ihre Lebensbedingungen ist die Fähigkeit vieler Echsen, als Reaktion auf Gefahren den Schwanz ganz oder teilweise abzuwerfen. Diese Autotomie genannte Selbstverstümmelung dient als Maßnahme zur Verteidigung, denn durch den abgeworfenen Schwanz ist ein Angreifer leicht abzulenken, zumal das Schwanzstück – da es ein eigenständiges Nervensystem hat – noch eine Zeitlang schlängelnde Bewegungen ausführt. Anstelle des so abgeworfenen Schwanzes wird zwar wieder ein neuer gebildet, jedoch nur mit verknorpelten Wirbeln.

Die Sinnesorgane

Augen: Die Fähigkeit zu sehen ist bei den einzelnen Amphibien und Reptilien, abhängig von ihrer Lebensweise, sehr unterschiedlich ausgebildet.
• Auf dem Land lebende Froschlurche wie Aga- und Berberkröte sehen als Beutegreifer beispielsweise gut, während im Wasser lebende Arten wie Krallenfrösche sich mehr auf ihr Witterungsvermögen verlassen.
• Schildkröten können Farben sehr gut unterscheiden und damit bevorzugte Blüten und Früchte schon von weitem erkennen.
• Schlangen und viele Echsen wie Chamäleon und Ritteranolis nehmen mehr die Bewegungen wahr und ver-

Der Korallenfingerlaubfrosch lebt auf Geäst und Blattwerk im tropischen Regenwald.

Der Ritteranolis lebt als Baumbewohner im Regenwald.

lassen sich im übrigen auf den Geruch. Chamäleons können ihre großen, kegelförmigen, von verwachsenen Lidern bedeckten Augen sogar unabhängig voneinander in alle Richtungen bewegen und sind überdies in der Lage, das hinten und vorne Gesehene gleichzeitig wahrzunehmen.

• Nacht- und dämmerungsaktive Terrarientiere wie Laubfrösche und Kröten, aber auch Leopardgecko und Tokeh verfügen über schlitzförmige Pupillen. Damit ist ihr auf geringe Helligkeit eingestelltes Auge tagsüber geschützt, mit nachlassender Lichtintensität weitet sich die Pupille.

Besonderheit: Bei allen Schlangen, den meisten Geckos sowie einigen Skinken und Eidechsen sind die Lider zu einer durchsichtigen »Brille« verwachsen.

Wichtig: Als Bestandteil der Haut muß auch die Brille mit häuten (→ Häutung, Seite 46).

Ohren: Auch das Hörvermögen ist bei den einzelnen Arten ganz unterschiedlich ausgeprägt. Kriechtieren und Lurchen fehlt zwar generell die äußere Ohrmuschel, aber außer den Schwanzlurchen und Schlangen, die über Bauchschuppen und Haut lediglich Bodenerschütterungen und Vibrationen wahrnehmen, verfügen sie über ein inneres Ohr, das bei allen, mit Ausnahme der Panzerechsen, durch Haut oder Trommelfell geschützt ist. Frösche und Panzerechsen, die während der Paarung und zur Revierabgrenzung ihre Stimme laut ertönen lassen, hören auch am besten.

Zunge: Ausbildung wie Einsatzmöglichkeiten der Zunge hängen von den jeweiligen Lebensbedingungen ab.

• Landbewohnende Froschlurche wie Kröten und Laubfrösche setzen ihre Zunge zum Beuteerwerb ein. Damit sie klebrig wird, streicht sie während des Vorschnellens an der Zwischenkieferdrüse am Gaumendach entlang.

• Chamäleons haben eine körperlange Schleuderzunge, die vorn kolbenartig verdickt und so ausgebildet ist, daß ein Insekt damit gegriffen werden kann (→ Zeichnung, Seite 11). Der so erweiterte Aktionsradius gleicht die sehr langsame Fortbewegung aus.

• Die meisten Echsen und alle Schlangen benutzen ihre Zunge zum Aufspüren der Beute. Züngelnd werden Duftstoffe aufgenommen und an den Gaumen, zum Jacobsonschen Organ befördert. Die Wahrnehmung der Geruchspartikel erfolgt durch das Sinneszellengewebe dieses Organs.

• Die Zunge der Schlangen und mancher Echsen ist lang und tief gespalten, während sie bei Schildkröten und den meisten Amphibien mehr oder minder kurz und dick ist.

• Viele Echsen putzen sich nach der Nahrungsaufnahme mit der Zunge intensiv das Maul, fast alle Reptilien benutzen sie zum Auflecken des Wassers, Geckos lecken auch die Augen.

Die Haut

Amphibien haben eine weiche, feuchte und drüsenreiche Haut. Das Sekret der Drüsen verhindert ein Austrocknen der Haut, besonders dort, wo die Tiere relativ trockene Lebensräume bewohnen. Sind sie im feuchten Milieu behei-

Die Urahnen mancher Reptilien lebten schon zur Zeit der Dinosaurier.

matet, wirkt das Drüsensekret auch bakterien- und pilzhemmend und ersetzt so den Schutz einer verhornten Haut.

Amphibien fühlen sich nicht nur »glitschig« an, sondern viele ihrer Drüsensekrete sind auch giftig – und zwar um so stärker, je bunter die »Warn«-Farben ihrer Träger sind.

Wichtig: Für den Menschen sind alle diese Gifte nicht lebensbedrohend, dennoch ist nach jedem Kontakt eine gründliche Reinigung notwendig.

Reptilien dagegen haben eine lederartige Haut ohne Hautdrüsen, die sich trocken anfühlt. Aus unterschiedlich großen, teilweise stark verhornten Schuppen bestehend, ist diese Art der Körperbedeckung hervorragend geeignet, ein Austrocknen zu verhindern.

Die Häutung

Reptilien: Fast alle Reptilien, auch viele Schildkröten, häuten regelmäßig. Rasch wachsenden Jungtieren wird die äußere Hülle schneller zu eng , weshalb sie häufiger ihre Haut abstreifen als ältere. Die Häutung hängt ab von Jahreszeit, Klima, Nahrungsangebot und Allgemeinzustand. Sie wird durch Hormone der Schilddrüse und der Thymusdrüse gesteuert und ist ein auffälliger Vorgang, der sich schon vorher durch Veränderungen ankündigt (→ Seite 46).

Amphibien: Obwohl auch alle Amphibien häuten, wird hier die Häutung, weil seltener und weniger auffällig, oft gar nicht bemerkt.

• Froschlurche fressen ihre Haut gleich während des Abstreifens – die perfekte Wiederverwendung wertvoller Aufbaustoffe.

• Schwanzlurche verlieren ihre Haut in unscheinbaren Fetzen.

Die Körpertemperatur

Fische, Amphibien und Reptilien sind wechselwarme Wirbeltiere, bei denen die Temperatur des Blutes von der Umgebungstemperatur beeinflußt wird. Da ihre gesamten Lebensabläufe von außen gesteuert werden, müssen wir viel intensiver als bei Warmblütern beobachten, kontrollieren und regulieren.

Auf einen Blick: Amphibien und Reptilien

Amphibien oder Lurche Welche Tiere gehören dazu?	Reptilien oder Kriechtiere Welche Tiere gehören dazu?
Schwanzlurche, zum Beispiel Axolotl und Froschlurche, zum Beispiel Krallenfrosch.	Zum Beispiel Spitzkopfschildkröte, Leopardgecko, Streifenbasilisk, Kornnatter
Unterscheidungsmerkmale:	**Unterscheidungsmerkmale:**
Extremitäten: 4 Finger, 5 Zehen	Extremitäten: 5 Finger, 5 Zehen, (Panzerechsen 5 Finger, 4 Zehen)
Haut: Drüsenreich, feucht, stark durchblutet, keine Hornschuppen	Haut: Drüsenarm, trocken, wenig durchblutet, Hornschuppen und -platten
Atmung: Über Kiemen, Haut und/ oder Lungen	Atmung: Über Lungen
Fortpflanzung: Laich gallertartig, dotterarm. Umwandlung der Larve zum Landtier (→ Metamorphose, Seite 52)	Fortpflanzung: Ei dotterreich. Jungtier voll entwickelt

Terrarientypen und -technik

Standort

Grundsätzlich kann ein Terrarium überall aufgestellt werden, denn mit entsprechender Technik lassen sich im Wohnraum genauso wie im Keller oder Wintergarten die notwendigen Voraussetzungen schaffen.

Größe

Nur selten ist ein Terrarium für seine Bewohner zu groß, oft dagegen zu klein, deshalb sollte vor der Auswahl der Pfleglinge immer der zur Verfügung stehende Raum geklärt sein. Es gibt kein allgemein verbindliches Standardmaß für die Größe eines Terrariums, sondern der jeweilige Raumbedarf wird von der Größe und dem Verhalten der Tiere bestimmt (→ Tierporträts, ab Seite 34). Bei dem im Fachhandel am häufigsten angebotenen Terrarium, das etwa doppelt so lang wie breit und ähnlich hoch wie breit ist, beträgt das Verhältnis Länge zu Breite zu Höhe etwa 2:1:1, also beispielsweise 70 x 40 x 40 cm.

<u>Terrarium für Kletterer:</u> Bei baumbewohnenden und an Felsen kletternden Tieren wie Tokeh und Ritteranolis empfiehlt es sich, die Höhe stärker zu nutzen und das Verhältnis auf 1:1:2 zu verändern.

<u>Terrarium für Bodenbewohner:</u> Für reine Bodenbewohner wie den Leopardgecko eignet sich ein flächiges Terrarium mit den Ausmaßen 2:2:1 am besten.

<u>Terrarium für Wasserbewohner:</u> Bei wasserbewohnenden Arten wie der Chinesischen Rotbauchunke oder

Der Grüne Leguan ist mit einer Gesamtlänge von 200 cm die größte in diesem Ratgeber vorgestellte Echse.

Wasserschildkröten bietet sich ein Aquarium im Verhältnis 1:1:1 an.

Mein Tip: Im übrigen müssen Terrarien nicht immer rechtwinklig sein, auch Eckbehälter oder Becken mit gebogenen Scheiben sind denkbar.

Glas oder Kunststoff?

Vorzuziehen sind mit Silikon verklebte Ganzglas-Terrarien. Die vielfach auch angebotenen Kunststoffterrarien mit geschlitztem Deckel sind dagegen allenfalls zur kurzfristigen Unterbringung von Amphibien und Reptilien geeignet. Umgerüstet mit einem drahtbespannten Deckel, damit Licht-, Wärme- und UV- Strahlen in den Behälter gelangen, können Sie sie als Aufzucht- und Quarantäneterrarium einsetzen (→ Quarantäne, Seite 30).

Luftzirkulation

Da nirgendwo eine so geringe Luftbewegung herrscht wie in einem allseitig umbauten Raum, müssen Sie im Terrarium für ausreichende Luftbewegung sorgen.

<u>Belüftung:</u> Zur Belüftung des Terrariums soll vorn oder seitlich im unteren Drittel eine Fläche von mindestens 10% der Scheibe mit Drahtgeflecht bespannt oder perforiert sein.

<u>Entlüftung:</u> Entsprechend muß zur Entlüftung entweder der gesamte Terrariendeckel oder mindestens ein Viertel – der Belüftung gegenüberliegend – mit einem Drahtgeflecht bespannt sein (→ Zeichnung, Seite 10).

Die Maschenweite beziehungsweise die Größe der Perforation ist abhängig

Der Krallenfrosch macht eine Umwandlung zum Lungenatmer durch, lebt aber weiterhin im Wasser.

Als alleinige Lichtquelle eignet sich ein Spotstrahler nur im extrem warmen und trockenen Wüstenterrarium.

von Größe und Stärke der Tiere sowie ihrer (lebenden) Nahrung. Sobald Heizquellen die Luft im Terrarium erwärmen, wird sie in Bewegung kommen, aufsteigen und kühlere nachziehen.

<u>Wichtig:</u> Nicht geeignet sind Kunststoffgewebe, die von Wärmelampen verbrannt und von Futtertieren zerbissen werden können.

Türen

Zur zweckmäßigen Bedienung empfehlen sich – außer für Kunststoff- und einige Aquaterrarien – in der Frontseite eingelassene Glasschiebetüren, die sich parallel zueinander verschieben lassen. Da Sie nur eine Hälfte öffnen müssen, werden schnelle Pfleglinge eher an der Flucht gehindert. Damit Sand und Erde

nicht zur Blockade oder zum Glasbruch führen und Ihnen nicht bei jedem Öffnen ein Schwall von Bodensubstrat entgegenkommt, sollten die Führungsschienen etwa zehn Zentimeter über dem Boden angebracht sein.

Welcher Terrarientyp ist der richtige?

Bei Amphibien und Reptilien haben wir aufgrund ihrer geringen Anpassungsfähigkeit (→ Körpertemperatur, Seite 7) erheblich mehr auf die richtige Klimatisierung und Gestaltung des Lebensraumes zu achten als zum Beispiel bei der Pflege von Vögeln und Säugetieren. Je mehr Sie Ihren Terrarientieren naturnahe Lebensbedingungen schaffen, desto eher entspricht dies einer tiergerechten Haltung.

<u>Hinweis:</u> Zwischen den im folgenden beschriebenen Terrarientypen gibt es fließende Grenzen und vielfältige Übergänge.

Das Regenwaldterrarium

Die schönsten Kleinlandschaften lassen sich in einem Terrarium dieser Art gestalten, vorausgesetzt, es ist mindestens 70:40:50 cm groß.

<u>Pflanzen:</u> Die diesen Typ bestimmenden Pflanzen können am Boden wachsen, vor allem aber als Epiphyten an den Wänden und im Geäst aufsitzen (→ Foto, Seite 12, Zeichnung, Seite 19). Bei der Auswahl Gewicht und Größe der Tiere   berücksichtigen (→ Tierporträts, ab Seite 35), da nicht jedes »erträgt« wird.

<u>Sonnenplätze:</u> Für sonnenbadende Reptilien wie den Ritteranolis pflanzenfreie Sonneninseln einplanen, die mit Spotstrahlern beheizt werden (→ Zeichnung, Seite 15).

Pflanzwand: Durch eine Pflanzwand läßt sich der nutzbare Raum erheblich vergrößern, da die Tiere die entsprechend strukturierten Rück- und Seitenwände ebenfalls bewohnen können (→ PRAXIS Einrichten, Seite 26 / 27).

Unbepflanztes Regenwaldterrarium: Sind die gewähltenTiere für die Pflanzen zu mächtig oder läßt sich die Beleuchtung nicht auf Tiere und Pflanzen zugleich abstimmen, empfehle ich ein unbepflanztes Regenwaldterrarium, das sich mit Kletterästen und anderen Dekorationsmaterialien ebenfalls malerisch gestalten läßt (→ Dekorationsmaterial, Seite 24).

Das Wüstenterrarium

Der für ein Wüstenterrarium typische karge Lebensraum läßt sich schon schwieriger ansprechend darstellen. Doch auch ohne das Grün lebender Pflanzen können Sie mit Steinen, Holz, Sand und Trockenpflanzen reizvolle Landschaftsausschnitte gestalten.

Gestein: Schauen Sie sich im Gebirge oder in einem Steinbruch um. Von der Natur können Sie lernen, wie Gesteinsformationen »gewachsen« sind. Bei der geschickten Gestaltung von Rück- und Seitenwänden entstehen zusätzliche Laufflächen, Nischen und Verstecke (→ PRAXIS Einrichten, Seite 26/27). Zur Strukturierung der Bodenfläche sollten Sie das gleiche Gestein wie für

die Felskulisse verwenden – einfach verteilt oder zu Schlupfwinkeln und Sonneninseln angeordnet.

• Nicht die Frischluftzufuhr unterbrechen!

Holz: Auch Baumwurzeln, trockene Äste und Kakteenskelette lassen sich hier wunderbar verwenden. Sie eignen sich zur Gliederung des Terrariums genausogut wie zur Anlage von Sonnenplätzen und Verstecken.

Sand: Die Bodenfläche wird mit Sand gefüllt, der, abgesehen vom Tränken der Tiere durch leichtes Besprühen (→ PRAXIS Pflege, Seite 50/51), weitgehend trocken gehalten wird. Ausnahmen bilden höhlenartige Schlupfwinkel, die wegen ihres feucht-kühlen Bodens von den Bewohnern gern aufgesucht werden.

Bepflanzung: Auch das Trockenterrarium können Sie bepflanzen, allerdings nur, wenn Sie die Pflanzen mit Wasser versorgen können, ohne gleichzeitig den ganzen Boden zu durchfeuchten.

Mein Tip: Das erreichen Sie beispielsweise durch Unterteilen mit Steinen oder einer niedrigen eingeklebten Glasscheibe, oder indem Sie Pflanzen in separaten Töpfen einsetzen.

Trockenpflanzen: Praktikabler ist, gerade im Anfängerterrarium, die Dekoration mit Trockenpflanzen wie Gräsern oder Ginster. Hier können Sie Ihrer Phantasie freien Lauf lassen.

Das Chamäleon lebt im Gezweig und jagt mit seiner langen Schleuderzunge.

Im Regenwaldterrarium lassen sich dekorative Ausschnitte des natürlichen Lebensraumes gestalten.

Das Aquaterrarium

Obwohl – oder gerade weil – Wasser hier das bestimmende Element ist, kann dieser Terrarientyp sehr variabel gestaltet werden. Die vier folgenden Beispiele zeigen, wie stark gerade die unterschiedlichen Gestaltungsvarianten des Aquaterrariums von der Lebensweise ihrer jeweiligen Bewohner abhängen.

Aquaterrarium für Wasserbewohner: Als ein Aquarium mit mehr oder minder herausragenden Wasserpflanzen – und einigen Kletterpflanzen und Epiphyten als Zugabe – läßt sich dieser Typ am besten beschreiben. Ausschließlich im Wasser lebende Amphibien wie Axolotl oder Krallenfrosch sind Bewohner eines solchen Lebensraumes. Wird das Becken nur so weit gefüllt, daß ein Rand von 10 bis 20 cm entsteht, können Sie Kletterpflanzen mit Wasserwurzeln einsetzen (→ Pflanzentabelle, Seite 22 / 23), die den Rand und, mit Rankhilfe, auch den Hintergrund begrünen.

Aquaterrarium mit Trockenplätzen: Einen deutlich niedrigeren Wasserspiegel benötigt das Aquaterrarium für Tiere, die nicht ausschließlich im Wasser leben, wie beispielsweise Sumpfschildkröten. Sie benötigen Ruheplätze außerhalb des feuchten Elements, um zeitweilig unter einem Spotstrahler abzutrocknen (→ Seite 27). Das können inselartige Aufbauten im Wasser sein, ein aus dem Wasser ragendes Moorkienholz oder ein über der Wasserfläche befestigtes Bord, das wegen der besseren Haltbarkeit aus perforiertem Kunststoff bestehen sollte. Ist der über dem Wasser verbleibende Raum genügend hoch, kann ein Epiphytenast eingebracht werden.

Aquaterrarium mit feuchter Insel: In einem Becken mit 10 bis 20 cm hohem Wasserstand, eingehängtem Bord, flächigen Schiefer- oder Sandsteinplatten als Inseln und dicht wuchernden Kletterpflanzen sind zum Beispiel Tigersalamander oder Rotbauchunke ausgezeichnet zu pflegen. Noch besser, wenn die Inseln mit gleichmäßig feuchtem Platten- oder Torfmoos bedeckt sind. Den Kontakt zum Wasser benötigen auch Kletterpflanzen mit Wasserwurzeln, die aus dem Wasser heraus Rankhilfen wie Xaxim (→ PRAXIS Einrichten, Seite 26 / 27) an den Wänden und Moorkienwurzeln am Grund bewachsen.

Aquaterrarium mit Landzonen: Ebenfalls einen Wasserstand von 10 bis 20 cm, aber nur auf etwa einem Drittel der Grundfläche, benötigt diese Variante. Herausragende Pflanzen im Wasser, rankende Boden- und Kletterpflanzen auf dem Landteil und Epiphyten auf dem Geäst im Raum gliedern ein bepflanztes Aquaterrarium für Tiere wie Laubfrosch oder Strumpfbandnatter, in dem auch trockene Zonen vorhanden sein müssen.

Reinhalten des Wassers: Je größer die Wassermenge, desto aufwendiger der Wasserwechsel. Daher empfiehlt sich ab einem Wasservolumen von 50 Litern im Aquaterrarium die Installation eines Filters. Für die Intervalle des trotzdem erforderlichen, regelmäßigen Wasserwechsels (→ PRAXIS Pflege, Seite 50 / 51) gibt es allerdings keine Regel, hier müssen Sie Erfahrungen sammeln.

Terrarientechnik

Die Bundesartenschutzverordnung verbietet aus gutem Grund die Entnahme heimischer Amphibien und Reptilien aus der Natur (→ Artenschutz, Seite 34). Daher sind Sie als Terrarianer fast ausschließlich auf Tiere aus tropischen oder subtropischen Zonen angewiesen und somit gezwungen, Ihr Terrarium mit Hilfe der Technik zu klimatisieren.

Achtung: Da es sich um elektrische Geräte handelt, sind die Gefahren zu beachten, die sich im besonderen aus dem Umgang mit Elektrizität und Wasser ergeben (→ Wichtige Hinweise, Seite 63).

Beheizung

Wärmestrahler für tagaktive Tiere: Da viele Terrarientiere Wärme mit der Sonne, also mit Licht assoziieren, können Sie das Terrarium nicht einfach auf einen Heizkörper stellen. Als lichtspendende Wärmequellen für Arten wie Grüner Leguan und Spitzkopfschildkröte sind Spotstrahler hervorragend geeignet (→ Beleuchtung, Seite 15).

Dunkelstrahler für nachtaktive Tiere: Für dämmerungs- und nachtaktive Tiere sowie Arten aus schattigen Lebensräumen wie Laubfrosch und Tokeh, die weniger lichtabhängig sind, eignen sich die als Dunkelstrahler bezeichneten Heizlampen. Diese im Handel als Elsteinstrahler (60 bis 250 Watt) angebotenen Keramikstrahler sind mit einem Schraubgewinde versehen und gehören in eine E 27 Schraubfassung aus Porzellan. Für große Terrarien gibt es Flächenstrahler aus dem gleichen Material (bis 500 Watt).

Mein Tip: Um Verbrennungen der Tiere zu vermeiden, alle Lampen möglichst außerhalb anbringen. Wo das nicht möglich ist, empfiehlt sich ein Schutzkorb aus Drahtgeflecht.

Bodenheizung: Im Idealfall sollte die Strahlerwärme ausreichen. Trotzdem kann zusätzlich eine Bodenheizung erforderlich werden, und zwar wenn

• der ungeheizte Standort des Terrariums nach Abschalten der Strahlerwärme eine nächtliche Mindesttemperatur nicht gewährleistet;

• in einem unbepflanzten Terrarium durch Verdunstung eine höhere Luftfeuchtigkeit erzielt werden soll;

• der Boden einer Sonneninsel, zur Unterstützung des Wärmestrahlers, beheizt werden soll.

Bodenheizungen werden als Wärmesteine, Heizkabel oder Heizmatten in verschiedenen Wattstärken angeboten. Für die Tiere ungefährlicher sind Geräte mit geringer Oberflächentemperatur. Auch wenn es in der Anleitung nicht empfohlen wird: Bodenkabel oder -matten sollten Sie mit einem Drahtgeflecht aus Chromstahl (Maschenweite 5 bis 10 mm) abdecken, um zu verhindern, daß grabende Tiere sie beschädigen oder in ihrer Lage verändern.

Mein Tip: Die Bodenheizung soll immer nur höchstens ein Drittel der Bodenfläche beheizen, damit den Tieren auch kühlere Zonen bleiben.

Aquarienstabheizer: Durch Montage in einem perforierten Tonrohr oder Hohlstein werden Aquarienstabheizer (50 bis 300 Watt) fixiert und gegen Bisse und scharfe Krallen geschützt.

Achtung: Beachten Sie sorgfältig die Montageanleitungen aller Heizgeräte (→ Wichtige Hinweise, Seite 63).

Kontrolle und Regelung von Temperatur und Luftfeuchtigkeit

Nur in wenigen tropischen Gebieten ist es immer beständig warm. Schwankungen zwischen Tag- und Nachttemperatur von 15°C sind keine Seltenheit. Auch die Luftfeuchtigkeit kann im Rhythmus von Tag und Nacht erheblich schwanken, daher der Begriff relative Luftfeuchtigkeit. Auslöser hierfür sind, neben Niederschlägen, krasse Temperaturwechsel. Für die optimale Pflege sind deshalb Kontroll- und Steuergeräte zur Klimatisierung des Terrariums notwendig.

Die Erfahrung zeigt, daß nächtliche Abkühlungen von 5 bis 10 °C sowie Temperaturabsenkungen während der Wintermonate Vitalität und Lebenserwartung der Tiere im Terrarium merklich steigern können.

Schaltuhren: Zur Steuerung des Tages-Nachtrhythmus wird eine handelsübliche Zeitschaltuhr eingesetzt, die nachts Licht und Heizung abschaltet.

Mein Tip: Als berufstätiger Terrarianer können Sie mit Hilfe dieser Technik die Tag- und Nachtzeiten so steuern, daß Sie die Aktivitäten Ihrer Tiere auch in den Abendstunden beobachten können.

Thermometer: Zur Überwachung der Temperaturen dient ein Thermometer. Das kann sowohl ein einfaches Raumthermometer als auch ein batteriebetriebenes Digitalthermometer sein. Ein Minimum-Maximum-Thermometer zeigt die Tageshöchst- und -niedrigstwerte an und empfiehlt sich für Terrarien, die extremer Temperaturbeeinflussung von außen, zum Beispiel durch einfallende Sonnenstrahlung, ausgesetzt sind.

Thermostat: Für die Regelung der Temperatur wird ein Thermostat benötigt, der die Heizquellen steuert. Vom einfachen Bimetallgerät bis zur elektronischen Steueranlage mit Digitalanzeige werden vielerlei Geräte zu unterschiedlichen Preisen angeboten. Sinnvoll sind Thermometer und Thermostate mit längeren Temperaturfühlern, welche die Temperatur außerhalb des direkten Einflusses der Wärmequellen messen können.

Wichtig: Derartige Regelgeräte werden außen installiert. Die Zuleitung zum Temperaturfühler wird zum Schutz vor Beschädigungen durch die Tiere in einem Rohr oder Schlauch verlegt.

Mein Tip: Die Funktionsfähigkeit durch gelegentliche Temperaturvergleiche überprüfen, denn auch Regelgeräte sind nicht unfehlbar.

Hygrometer: Die relative Luftfeuchtigkeit wird mit dem Hygrometer gemessen, das, im Gegensatz zum Thermometer, immer innerhalb des Terrariums angebracht wird. Wichtig ist die gelegentliche Aktivierung der Haarsaiten in dem Meßinstrument (Gebrauchsanleitung).

Feuchtigkeit regulieren: Durch Gießen der Pflanzen und Befeuchten des gegebenenfalls schwach beheizten Bodens (→ Heizung, Seite 13) läßt sich die Luftfeuchtigkeit beeinflussen. Stete Kontrolle ist gerade anfangs erforderlich, da ein Terrarium leicht versumpft. In einem solchen Fall den Boden auswechseln (→ PRAXIS Pflege, Seite 50 / 51).

Wundern Sie sich nicht, wenn aus einer Luftfeuchtigkeit von 60% am Tage nächtens 90% oder mehr werden und die Scheiben des Terrariums beschlagen sind. Die »Tautropfen«, die durch

Mit einem zusätzlichen Spotstrahler läßt sich für wärmeliebende Tiere eine Sonneninsel schaffen.

das Temperaturgefälle entstehen, sind tropfenleckenden Reptilien, vielen Amphibien, aber auch zahlreichen Pflanzen sehr willkommen.

Beleuchtung

Licht ist, gemeinsam mit Luft und Wasser, eine der Grundlagen des Lebens. Deshalb benötigen wir Licht auch im Terrarium – und besonders viel davon, wenn tagaktive Tiere aus tropischen oder subtropischen Gebieten gepflegt werden sollen.

Da Pflanzen und Tiere nicht selten sehr unterschiedliche Ansprüche an das Licht stellen, nur solche aus gleichen Lebensräumen gemeinsam pflegen und bei der Auswahl der Lichtquellen den bestmöglichen Kompromiß finden.

Leuchtstofflampen: Sie eignen sich als Standardbeleuchtung für alle Terrarien bis zu einer Höhe von 70 cm. Diese fälschlich als „Neonlampen" bezeichneten Röhrenlampen sind preiswert in der Anschaffung und sparsam im Stromverbrauch. Besonders zu empfehlen sind Lampen mit relativ hohem Rotanteil im Spektrum, mit denen Sie nicht nur die ideale Farbwiedergabe von Tieren und Pflanzen, sondern auch einen zufriedenstellenden Pflanzenwuchs erreichen.

Obwohl Leuchtstofflampen noch viel länger leuchten, sollten sie nach 6000 Brennstunden ausgewechselt werden. Da ihre Lichtintensität danach abnimmt, werden besonders die Pflanzen nur noch unzureichend versorgt.

Mein Tip: Erwerben Sie nur spritzwassergeschützte Leuchten.

Spotstrahler: Sie eignen sich hervorragend als wärmende Lichtquelle, besonders um in Verbindung mit Leuchtstofflampen, die kaum Wärme abgeben, sogenannte Sonneninseln zu schaffen (→ Zeichnung Seite 15).

Als alleinige Licht- und Wärmequelle kommen sie dagegen nur in extrem warmen und trockenen Wüstenterrarien zum Einsatz (→ Zeichnung Seite 10).

Spotstrahler werden als Reflektor- oder Preßglasreflektorlampen angeboten. Ich empfehle die Anschaffung der Preßglasvariante, weil das sehr dünnwandige Glas der Reflektorlampen beim geringsten Kontakt mit Spritzwasser platzt. Sie werden in Schraubfassungen der Größe E 27 oder E14 gedreht. Ein wesentlicher Vorteil ist ihr Betrieb ohne Vorschaltgerät (→ Quecksilberdampflampen).

Diese Wärmestrahler werden von 25 bis 150 Watt und mit einem Ausstrahlungswinkel von 30 bis 80 Grad angeboten, so daß, je nach der gewünschten Größe der Sonneninsel, eine Vielzahl von Variationen möglich sind.

Mein Tip: Da Pflanzen durch die Wärme innerhalb des Lichtkegels gefährdet sind, sollten Sonneninseln in der Regel pflanzenfreie Räume sein.

Quecksilberdampf- und Metallhalogendampflampen: Sie sind in Röhren- und Soffittenform von 75 bis 2000 Watt erhältlich, benötigen allerdings die für alle Gasentladungslampen erforderlichen Vorschaltgeräte – Bauteile, die zwar die Anschaffung verteuern, aber die Lichtausbeute erhöhen. Da diese Hochdrucklampen außerordentlich hell strahlen und viel Wärme abgeben, sind sie nur für Terrarien von mehr als einem Kubikmeter Rauminhalt zu empfehlen.

Ist genügend Platz vorhanden, sind diese Lampen besonders für die Pflege von lichthungrigen Reptilien, wie dem Grünen Leguan, geeignet.

UV-Strahler: Anregend für viele biologische Abläufe wirken ultraviolette (UV-) Strahlen. Die mittelwelligen UV-B-Strahlen sind wichtig für die Steuerung des Kalziumstoffwechsels vieler Tiere, während die langwelligen UV-A-Strahlen für die Pigmentbildung der Haut von großer Bedeutung sind. Das kurzwellige UV-C-Licht wiederum reduziert die Keimzahl im Aquaterrarium. Nach dem derzeitigen Kenntnisstand ist das ultraviolette Licht für nacht- und dämmerungsaktive Reptilien wie Leopardgecko und Tokeh ebenso wie für Amphibien nicht oder nur in verschwindend geringem Maße von Bedeutung.

Achtung: Um bei den Tieren Verbrennungen der Haut oder Bindehautentzündungen der Augen zu vermeiden, dürfen Sie die Bestrahlungsdauer nur ganz allmählich, von täglich einer Minute bis zu täglich einer Stunde nach zwei Monaten, steigern.

Der ständig im Wasser lebende Axolotl atmet mit Kiemen.

Filterung

In einem größeren Aquaterrarium (ab 50 l Wasservolumen) bietet es sich an, das Wasser zu filtern und, soweit erforderlich, gleichzeitig zu beheizen. Motorfilter in unterschiedlichen Größen und Leistungsstufen, teilweise mit integrierter Heizung, werden von diversen Herstellern angeboten. Richten Sie sich bei der Installation nach der Montageanleitung.

Als Filtermaterial eignen sich für unseren Zweck am besten Schaumstoffscheiben unterschiedlicher Porosität, mit denen sowohl eine mechanische Filterung, bei der Schwebstoffe zurückgehalten werden, als auch, in begrenztem Umfang, eine durch Bakterien bewirkte biologische Reinigung erzielt wird.

Wasserwechsel: Weder die mechanische noch die biologische Filterung machen den Wasserwechsel überflüssig (→ PRAXIS Pflege, Seite 50 / 51). Sie verlängern zwar die Intervalle zwischen den Wechseln und halten das Wasser optisch sauber, aber auch klares Wasser kann durch Stickstoffverbindungen überdurchschnittlich stark belastet sein.

Belüftungsgeräte

Wo die Ausnutzung der thermischen Luftbewegung nicht möglich ist (→ Luftzirkulation, Seite 8), beispielsweise weil das Terrarium eingebaut ist, wird eine technische Belüftung notwendig. Während für kleinere Terrarien eine Aquarienluftpumpe völlig ausreichend ist, können Sie zur Zwangsbelüftung in größeren Becken Ventilatoren, Rotor- und Tangentiallüfter einsetzen. Alle diese Geräte erhalten Sie im Fachhandel.

Das Terrarium einrichten

So wichtig für die Auswahl die Beachtung des Lebensraumes ist, so unwichtig ist die eigentliche Herkunft der Pflanzen. Trotzdem bildet für viele ihr Terrarium erst eine Einheit, wenn Tiere und Pflanzen dem gleichen natürlichen Lebensraum entstammen.

Pflanzen im Terrarium

Wären Planzen im Terrarium nur Dekoration, könnten auch Plastikpflanzen diesen Zweck erfüllen. Ob Terrarientiere Klettergelegenheiten suchen oder die Geborgenheit in sicherer Deckung, gerade der Aufenthalt im lebendigen Grün erhöht das Wohlbefinden.

Lichtbedarf der Pflanzen

Die unterschiedlich benötigte Lichtmenge wird in der Pflanzentabelle auf den Seiten 22 und 23 mit den Symbolen +++ für sehr viel Licht (1500 bis 3000 lx), ++ für viel (800 bis 1400 lx) und + für weniger Licht (300 bis 700 lx) angegeben. lx ist das Zeichen für Lux (Einheit für Beleuchtungsstärke).

Die richtige Pflanzenauswahl

Erst wenn geklärt ist, daß die zur Wahl stehenden Tiere sich nicht vegetarisch ernähren, keine besonders scharfen Krallen haben und vergleichsweise leichtgewichtig sind, also keine für ein bepflanztes Terrarium nachteiligen Eigenschaften besitzen (→ Tierporträts, ab Seite 34), kann überhaupt an Pflanzen gedacht werden. Weichlaubige, hellgrüne und Arten mit bunten Blättern sind empfindlicher als hartlaubige, dunkelgrüne Pflanzen, die auch weniger auf Wärme- und UV-Strahlen reagieren.

Für die Einrichtung eines Terrariums kommen nur vergleichsweise wenige Pflanzen in Frage, die sich in Bodenpflanzen, rasenbildende Bodenpflanzen, Kletterpflanzen, Epiphyten sowie Wasserpflanzen unterteilen lassen.

Bodenpflanzen wachsen baum- oder strauchartig, krautig oder als Sukkulenten – mit wasserspeicherndem Gewebe wie Kakteen – aus dem Boden, dem sie auch fast ausschließlich mittels ihrer Wurzeln die Nahrung entnehmen.

Rasenbildende Bodenpflanzen wie Gräser, Ranken und Moose breiten sich überwiegend flächig aus. Die meisten entwickeln Tochterpflanzen, andere lassen sich als Kopfstecklinge einfach vermehren.

Kletterpflanzen ranken sich, immer zum Licht strebend, an Bäumen und Felsen empor. Viele bilden Luftwurzeln aus, die dann aus dem Wasserbecken des Terrariums Nahrung und Feuchtigkeit aufnehmen, manche klammern sich als Parasiten mit den Wurzeln an andere Pflanzen.

Aufsitzer oder Epiphyten sind Pflanzen, die sich auf anderen Pflanzen, toten Hölzern oder Felsen ansiedeln und sich durch ganz spezielle Wuchsformen sowie Wasser- und Nährstoffspeicher auszeichnen. Zu den Epiphyten gehören, neben Orchideen, etlichen Farnen und sogar einigen Kakteen, auch die Bromelien oder Ananasgewächse, die wegen ihres typischen Wuchses, der interessanten Lebensweise und einer Vielfalt an Formen und Farben besonders für Terrarien geeignet sind.

Während Kakteen in ihrem Gewebe Wasser speichern, Orchideen sogenannte Bulben als Speicherorgane haben, nutzen Bromelien Trichter oder Zisternen als Wasserreservoire.

Mein Tip: Die Zisternen sollten immer mit Wasser gefüllt sein, da sie vielen Reptilien als Tränke dienen.

Achtung: Manche Bromelien haben an den Blatträndern außerordentlich scharfe Stacheln, die den Tieren allerdings nicht schaden.

<u>Wasser- Sumpf- und Schwimmpflanzen</u> wachsen entweder ständig untergetaucht (submers) oder bei unterschiedlich hohem Wasserstand mehr oder minder herausragend beziehungsweise auf der Wasseroberfläche treibend (emers).

Epiphytenäste sind wegen ihrer Vielfalt an Formen und Farben besonders dekorativ.

Das Pflanzsubstrat

Als Bodensubstrat für Terrarienpflanzen sind Laub- und Nadelerden empfehlenswert. Für Kletterpflanzen ist das aus Baumfarnen bestehende Xaxim hervorragend geeignet (→ PRAXIS Einrichten, Seite 26 / 27).

Hydrokultur

Der Einsatz von Hydrokultur empfiehlt sich wegen der optimalen Versorgung der Pflanzen mit Wasser und Nährstoffen. Die relativ großvolumigen Gefäße sollten Sie allerdings kaschieren, sie wirken sonst wie Fremdkörper. Da die Temperatur im Terrarium höher ist als die Zimmertemperatur, regelmäßig die Nährlösung kontrollieren.

Gießen der Planzen

Als Gießwasser sollten Sie nur sauberes Regenwasser oder entsalztes Wasser benutzen, das man kaufen oder mittels Ionen- oder Osmoseaustauscher (Zoofachhandel) selbst herstellen kann. Um dem Verdichten und Versumpfen des Terrarienbodens entgegenzuwirken, empfehle ich generell, das Gießwasser zu versprühen. Sprühflaschen oder Zerstäuber werden in unterschiedlichen Größen angeboten.

Mein Tip: Die Temperatur des Wassers derjenigen im Terrarium anpassen (Thermometer) und keinen Dünger zusetzen.

Pflanzenschädlinge

Grundsätzlich dürfen im Terrarium keine chemischen Pflanzenschutzmittel angewendet werden. Es bleibt also nur, die Blatt-, Woll- oder Schildläuse mit einem weichen, feuchten Tuch oder Schwamm abzuwischen und zu versuchen, sie durch erhöhte Luftfeuchtigkeit zu reduzieren. In hartnäckigen Fällen hilft nur das Auswechseln befallener Pflanzen.

Achtung: Beim Umgang mit Pflanzen die gebotene Vorsicht walten lassen (→ Wichtige Hinweise, Seite 63).

Ananasgewächs (Aechmea)   Ananasgewächs (Guzmania)   Tradescantie (Tradescantia)

Ananasgewächse (Bromeliaceae)   Warzenkaktus (Mammillaria)

Wolfsmilch (Euphorbia)

Marante (Calathea)

Feigenkaktus (Opuntia)

Pflanzenvielfalt im Terrarium

Für jeden Lebensraum gibt es eine Auswahl typischer Pflanzen, mit denen Sie Ihren Terrarientieren eine natürliche Umgebung schaffen und gleichzeitig dekorative Akzente setzen können. Mit Aechmeen, Guzmanien, Tradescantien, Maranten und Bromelien lassen sich Ausschnitte aus dem Regenwald gestalten. Wolfsmilch, Opuntie, Crassula und Mammillarie sind Pflanzen, die im Trockenterrarium gedeihen.

Dickblatt (Crassula)

Pflegeleichte Pflanzen fürs Terrarium

Name	Lebensraum	Standort	Licht	Höhe	Bemerkungen
Aloe *Aloe*-Arten	Afrika	○	+++	bis 60 cm	Bodenpflanze, Sukkulente, kleine Arten geeignet
Ananasgewächse *Aechmea*-Arten	M+S-Am	●◐	+++	40 cm	Epiphyt, hart, nur für größere Terrarien
Ananasgewächse *Billbergia*-Arten	M+S-Am	●◐	+++	30 cm	Epiphyt, hart
Ananasgewächse *Cryptanthus*-Arten	M+S-Am	●	++	5 bis 10 cm	Epiphyt, Staunässe vermeiden, nicht für große und heftige Reptilien
Ananasgewächse *Guzmania*-Arten	M+S-Am	●◐	+++	bis 40 cm	Epiphyt, keine Staunässe, kleine Arten besonders geeignet
Ananasgewächse *Neoregelia*-Arten	S-Am	●	+++	bis 20 cm	Epiphyt, breite Blattrosette, nur für größere Terrarien
Ananasgewächse *Tillandsia*-Arten	Amerika	●◐	+++	5 bis 30 cm	Epiphyt, wachsen beispielhaft ohne Pflanzsubstrat
Ananasgewächse *Vriesea*-Arten	M+S-Am	●	+++	bis 30 cm	Epiphyt, keine Staunässe, kleine Arten besonders geeignet
Baumfreund *Philodendron*-Arten	M+S-Am	◐	+	Blätter 5 – 50 cm Ø	Kletterpflanze, Luft- u. Wasserwurzeln, kleine Arten einfach zu vermehren
Baumkakteen *Rhipsalis*- u. *Lepismium*-Arten	M+S-Am	●	+++	30 cm	Epiphyt, wächst hängend, nicht für größere, heftige Reptilien geeignet
Birkenfeige *Ficus benjamina*	S-O-As	●◐	+++	bis 500 cm	Bodenpflanze, baumartig, für größere Terrarien, kleinwüchsige Formen wählen
Bogenhanf *Sansevieria*-Arten	Afrika	◐	+++	bis 60 cm	Bodenpflanze, niedrige Arten gut geeignet
Cyperus *Cyperus alternifolius*	Afrika	~	+++	bis 100 cm	emers, im Terrarium kleiner bleibend, wird mit Topf in das Wasser gestellt
Dickblatt *Crassula*-Arten	Afrika	○	+++	bis 60 cm	Bodenpflanze, Sukkulente, nicht für große und heftige Reptilien geeignet
Drachenbaum *Dracaena*-Arten	Afrika	◐	+++	bis 200 cm	Bodenpflanze, krautig mit Stamm, durch Schnitt auf Maß halten, vermehren leicht
Echeverie *Echeveria*-Arten	M-Am	○	+++	bis 15 cm	Bodenpflanze, Sukkulente, vorsichtig gießen, leicht faulend
Efeutute *Epipremnum pinnatum*	S-O-As	●	+	Blätter bis 30 cm Ø	Kletterpflanze, meist kleiner, Luft- und Wasserwurzeln, einfach zu vermehren
Feigenkaktus *Opuntia*-Arten	M-Am	○	+++	bis 200 cm	Bodenpflanze, Sukkulente, kleine Arten geeignet
Flamingoblume *Anthurium*-Arten	S-Am	●	++	bis 50 cm	Bodenpflanze, krautig, kleine Arten für Terrarium geeignet, keine Staunässe
Gasterie *Gasteria*-Arten	Afrika	○	+++	bis 20 cm	Bodenpflanze, Sukkulente, unkompliziert
Geweihfarn *Platycerium*-Arten	S-O-As	●	+++	bis 60 cm	Epiphyt, krautig, wächst hängend, Ballen nicht austrocknen, für große Terrarien
Grünlilie *Chlorophytum comosum*	Afrika	◐	++	bis 30 cm	Bodenpflanze, Ausläufer auch hängend, nicht für große Reptilien geeignet

S-Am = Südamerika; M-Am = Mittelamerika; S-O-As = Südostasien
Gww = Gemäßigte Zonen weltweit; Tww = Tropische Zonen weltweit; Sww = Subtropische Zonen weltweit

Name	Lebensraum	Standort	Licht	Höhe	Bemerkungen
Haworthie *Haworthia*-Arten	Afrika	○	+++	10 cm	Bodenpflanze, Sukkulente, unkompliziert
Hornkraut *Ceratophyllum demersum*	Gww	~	+++	bis 100 cm	submers, Wasserstand mind. 10 cm, wächst ohne Wurzeln frei im Wasser
Javamoos *Versicularia dubyana*	S-O-As	~	+	Blätter 3 mm Ø	submers, haftet an Holz, Steinen und Bodengrund
Kletterfeige *Ficus pumila*	S-O-As	●	+	Blätter 2 cm Ø	Kletterpflanze, gedeiht an feuchtem Stein, Holz oder Xaxim besser als in Erde
Kolbenfaden *Aglaonema*-Arten	S-O-As	●	+	bis 50 cm	Bodenpflanze, krautig, kleine Arten besonders geeignet, einfach zu vermehren
Kranzwinde *Stephanotis floribunda*	Afrika	◐	+++	Blätter 4 cm Ø	Kletterpflanze, benötigt Rankhilfe, nicht für große und heftige Reptilien geeignet
Marantagewächse *Maranta*- u. *Calathea*-Arten	M+S-Am	●	+	15 bis 50 cm	Bodenpflanze, krautig, keine Staunässe
Mauerpfeffer *Sedum*-Arten	Asien	○	+++	10 cm	Bodenpflanze, Sukkulente
Mittagsblume *Mesembryanthemum*-Arten	Afrika	○	+++	bis 15 cm	Bodenpflanze, Sukkulente, nicht für große und heftige Reptilien geeignet
Muschelblume *Pistia stratiotes*	Tww	~	+++	bis 15 cm Ø	Schwimmpflanze, Wasserstand mind. 10 cm, verträgt kein Kondenswasser
Rippenfarn *Blechnum gibbum*	S-O-As	●	++	30 cm	Bodenpflanze, krautig
Säulenkaktus *Cereus*-Arten	M+S-Am	○	+++	bis 100 cm	Bodenpflanze, Sukkulente, nur kleine Arten geeignet
Saumfarn *Pteris*-Arten	Tww	● ◐	++	bis 100 cm	Bodenpflanze, krautig, kleine Arten geeignet
Scheidenblatt *Spathiphyllum*-Arten	S-Am	●	++	20 bis 50 cm	Bodenpflanze, krautig, willig blühend
Schwertfarn *Nephrolepis*-Arten	S-O-As	●	++	bis 40 cm	Bodenpflanze, krautig, Staunässe und Bodenwärme vermeiden
Speerblatt *Anubias*-Arten	Afrika	~	+	bis 30 cm	emers, wird mit Topf ins Wasser gestellt
Tradeskantie *Tradescantia*-Arten	S-Am	● ◐	++	Blätter bis 5 cm Ø	Rasenbildende Bodenpflanze, kletternd, nicht für große Reptilien geeignet
Vallisnerie *Vallisneria spiralis*	Sww+Tww	~	+	bis 60 cm	submers, Wasserstand mindestens 20 cm
Vogelnestfarn *Asplenium nidus*	S-O-As	●	+++	bis 60 cm	Epiphyt, Ballen darf nicht austrocknen, Jungpflanzen geeignet
Warzenkaktus *Mammillaria*-Arten	M+S-Am	○	+++	bis 20 cm	Bodenpflanze, Sukkulente, nur kleinere Arten geeignet
Wolfsmilch *Euphorbia*-Arten	Afrika	○	+++	bis 200 cm	Bodenpflanze, Sukkulente, kleine Arten geeignet
Zierspargel *Asparagus*-Arten	Afrika	◐	++	bis 50 cm	Bodenpflanze, krautig, wächst auch hängend
Zwergpfeffer *Peperomia*-Arten	S-Am	●	++	bis 20 cm	Bodenpflanze, Staunässe vermeiden, nicht für große Reptilien geeignet

○ = trocken; ◐ = halbfeucht; ● = feucht; ~ = Wasserpflanze;
+++ = sehr viel Licht; ++ = viel Licht; + = weniger Licht (→ Lichtbedarf der Pflanzen, Seite 18)

Geeignetes Deko-rationsmaterial

Da zur Dekoration nur selten auf Materialien aus der Heimat überseeischer Terrarientiere zurückgegriffen werden kann, sind Sie auf das angewiesen, was Zoofachhandel, Gartencenter, Steinmetzbetriebe und nicht zuletzt die heimische Natur anbieten.

Bodensubstrat

Die Feuchtigkeit im Terrarium wird entscheidend durch die Art des Bodensubstrats bestimmt. Während Sand nur vergleichsweise wenig Wasser aufnimmt, speichern Laub- und Nadelerde aufgrund ihrer Struktur viel Wasser, das bei entsprechender Erwärmung gleichmäßig verdunstet. Durch das Mischen der Erden mit Sand sind viele Variationen möglich.

Sand: Flußsand in unterschiedlichen Korngrößen ist als Bodensubstrat gut geeignet, weil er natürlich aussieht. Auch Abriebsand aus Steinbrüchen, passend zum übrigen Gestein, ist ein idealer Bodengrund.

Fallaub: Es bietet sich zur Strukturierung fast aller Terrarienböden an, da es den Tieren nicht nur Schutz bietet, sondern sie auch auf natürliche Weise beschäftigt, indem es sie zur Suche nach lebenden Futtertieren animiert.

Torfmoos: Es eignet sich auch als Bodensubstrat, in dem sich vor allem Amphibien wohl fühlen. Torfmoos sollte nicht zu naß gehalten werden, während Xaxim (→ PRAXIS Einrichten, Seite 26/27) triefendnaß ebenfalls als Bodensubstrat im Amphibienterrarium eingesetzt werden kann.

Dekoratives Gestein

Während Sie für alle anderen Terrarien Gestein beliebiger Art und Herkunft, allein nach dem persönlichen Geschmack, wählen können, eignet sich für ein Aquaterrarium beispielsweise kein das Wasser aufhärtendes Kalkgestein.

• Granite sind oft interessant gefärbt, aber außerordentlich hart und daher schwer zu bearbeiten.

• Sandsteine und Schiefer lassen sich ausgesprochen gut bearbeiten und sind in vielerlei Formen und Farben verfügbar.

• Lava ist sehr porös, daher relativ leicht und gut zu bearbeiten, verschmutzt aber auch leicht und tiefgründig.

Mein Tip: Lavagestein nur für Terrarien benutzen, deren Dekorationen sich zum Reinigen leicht herausnehmen lassen.

Steine bearbeiten Sie mit Hammer, Meißel und gegebenenfalls einem Trennschneider (→ Wichtige Hinweise, Seite 63). Steinaufbauten können mit Silikon, Epoxyd und Kunststoffmörtel verklebt und ausgefugt werden. Da diese Materialien nicht ungefährlich sind, gilt es die Gebrauchsanweisungen besonders zu beachten.

Kunstfelsen können aus Polyurethanschaum oder Mörtel modelliert und anschließend mit Epoxyd- oder Polyesterharz und Glasfaserlaminat beschichtet werden. Sorgfältig gearbeitet, können solche Stücke täuschend echt aussehen, obwohl sie federleicht sind.

Attraktive Hölzer

Besonders interessant geformte Stücke finden Sie bei Eichen, Obstgehölzen und Rebstöcken. Bambus und Nadelhölzer bieten sich zwar zur Darstellung typischer Lebensräume an, zeigen aber keine reizvollen Wuchsformen.

Moorkienholz: Besonders dekorativ ist das beim Abbau von Torf anfallende Moorkienholz, das – im Gegensatz zu

Der Streifenbasilisk ist ein geschickter Kletterer.

den meisten anderen Hölzern und Wurzelstubben – auch im Wasser nicht verfault.

Stubben: Wurzelstubben bieten Moosen und Pflanzen Halt, den Tieren Deckung, und es läßt sich wunderbar mit ihnen gestalten.

Borken: Sehr dekorativ sind auch die Borken vieler einheimischer Gehölze, die allerdings leicht brechen. Nur die Borke der Korkeiche ist elastischer und eignet sich gut zum Bau von Kulissen. Hierzu die Borke auf Kanthölzer schrauben, die wiederum mit Silikon an den Wänden festgeklebt werden. Hohlräume mit Polyurethanschaum füllen, damit geflohene Futtertiere sich nicht hinter der Dekoration ansiedeln.

Trockenpflanzen

Wo die Voraussetzungen von Licht und Klima für lebende Pflanzen unzureichend und die Tiere nicht zu groß und ungestüm sind, können Trockenpflanzen als Dekoration verwendet werden. Zahlreich sind die angebotenen Blätter, Gräser, Rispen und Blüten, die sich geschmackvoll arrangieren lassen. Bei der Pflege größerer Tiere wie Stachelleguan oder Bartagame eignen sich Ginster und bedornte Büsche zur Darstellung trockener Lebensräume.

Bei der Gestaltung eines Terrariums sind Ihrer Phantasie fast keine Grenzen gesetzt, wenn Sie einige grundsätzliche Regeln beachten.

6 goldene Regeln zur Einrichtung

• Bei aller Naturnähe darf die Übersicht nicht verlorengehen. Exkremente, Futterreste, Kadaver von Futtertieren und Pfleglingen müssen direkt aufgefunden und problemlos entfernt werden können (→ PRAXIS Pflege, Seite 50 / 51).

• Bei der Pflege von revierbildenden Arten den Raum so strukturieren, daß Sichtschutz und markante Elemente wie Pflanzen, Steine und Hölzer zur Revierabgrenzung vorhanden sind.

• Eine Höhle darf nicht zur Sackgasse werden. Ein vor seinem Widersacher flüchtendes Tier muß aus der Höhle entkommen können.

• Steinaufbauten, ob Kulisse, Höhle oder Sonneninsel, dürfen nicht auf dem Bodensubstrat aufgeschichtet werden. Wenn das Eigengewicht nicht ausreicht, sind sie auf dem Behälterboden mit Silikon fest und unverrückbar zu montieren. In Bewegung geratene Steine können Scheiben zertrümmern, Pfleglinge verletzen oder gar erschlagen.

• Sich kreuzende Äste, nicht sauber angepaßte Schnittflächen, gesplitterte Stämme und Stubben, geschichtete Schieferplatten und offene Drahtschlingen können zum Einklemmen und zum Verlust von Krallen, Gliedmaßen und Schwänzen oder zum Tod durch Strangulation führen.

• Technische Einrichtungen sollen versteckt und trotzdem gut erreichbar sein. Gleiches gilt für Kontroll- und Regelgeräte, die vor allem gut ablesbar angebracht sein müssen.

Pflanzwand aufbauen
Zeichnung 1
Die empfehlenswerteste Wandgestaltung, speziell im Regenwaldterrarium, ist die Anlage einer Pflanzwand. Ein Geflecht aus Kunststoff oder Chromstahl, Maschenweite 5 bis 15 mm, wird auf einen Rahmen montiert, den Sie mit Silikon an der Seiten- oder Rückwand festkleben. Die Zwischenräume mit einem Erde/Moos- oder -/Torfmoosgemisch auffüllen.

Pflanzen einsetzen: Stecklinge von Kletterpflanzen können direkt in die Wand gesteckt werden; nicht oder noch nicht bewurzelte Ranken lassen sich mit Draht- oder Kunststoffklammern befestigen. Ordnen Sie die Pflanzen so an, daß auch ausreichend Licht in den unteren Bereich fällt.

Substrat für Kletterpflanzen: Wenig Struktur, aber hervorragende Eigenschaften als Substrat für Kletterpflanzen bietet Xaxim, ein aus Baumfarnen bestehendes Material, das trocken mittels Silikon an die Behälterwände geklebt wird. Wenn die Xaximplatten regelmäßig feucht gehalten werden, sind sie ideale Rankhilfen.

Mein Tip: Beim Verkleiden der Wände Lüftungsgitter nicht verbauen.

Verstecke schaffen
Zeichnung 3
Versteckmöglichkeiten finden die Tiere beispielsweise in hohlen Stammteilen. Wenn ein solches Holzstück an einer Seite plan geschnitten und mit der Schnittfläche an der Frontscheibe des Terrariums plaziert wird, können Sie die Vorgänge darin sehr gut beobachten. Gibt es Anzeichen von Aggressionen

1 Für die Gestaltung einer Pflanzwand im Regenwaldterrarium gibt es verschiedene Möglichkeiten. Bei der Anlage auf keinen Fall das seitliche Lüftungsgitter zubauen.

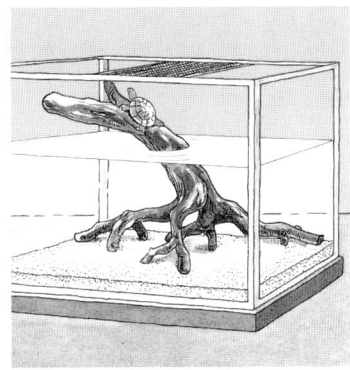

2 Da Moorkienholz nicht fault, läßt es sich besonders gut unter Wasser verwenden.

3 Höhle aus hohlem Baumstamm und nischenartige Verstecke im Gestein.

zwischen Terrarienbewohnern, die Höhle so weit von der Scheibe abrücken, daß verfolgten Tieren immer eine Fluchtmöglichkeit bleibt.
Bei der Dekoration von Rück- und Seitenwänden mit Gestein können Sie durch entsprechende Anordnung Vorsprünge, Nischen und Verstecke schaffen.

Holz im Aquaterrarium
Zeichnung 2
Um im Wasser lebenden Terrarientieren, beispielsweise Sumpfschildkröten, die notwendigen Ruhe- und Trockenplätze zu schaffen, eignet sich nichts so gut wie Moorkienholz. Da diese bizarren Stämme, die unter Umständen Jahrtausende im feuchten Moor konserviert wurden, im Wasser nicht schimmeln, bieten sie sich gleichermaßen an für die Einrichtung unter Wasser, wo sie den Tieren Rückzugsorte bieten, wie über Wasser als Trockenplätze und Sonneninseln.

Epiphyten pflanzen
Zeichnung 4
Epiphyten oder »Aufsitzer« lassen sich in Astgabeln, Astlöcher oder auf tote Hölzer pflanzen. Das Ergebnis sieht dekorativ und natürlich aus, wenn Sie dabei folgendermaßen verfahren:
• Am besten wählen Sie hierfür die harten, feuchtigkeitsbeständigen Äste von Obstbäumen, Flieder oder Robinie.

4 Epiphytenäste werden mit Abtropf-Bohrungen versehen, so bildet sich keine Staunässe.

• In größere Äste können Sie Pflanzmulden einhacken. An kleineren Ästen die Aufsitzerpflanzen mit Draht oder Angelsehne festbinden. In Astlöcher einfach eindrücken.
• Die Topfballen von der lockeren, nicht durchwurzelten Erde befreien, in Moos oder ein anderes wasserdurchlässiges Pflanzsubstrat einpacken, gut anfeuchten und entweder festbinden oder eindrücken.
• Durchlässige Pflanzsubstrate wie Moos nehmen Wasser nur schwer wieder auf, wenn sie erst völlig ausgetrocknet sind. Darum regelmäßig feucht halten. Das Gießwasser muß aber gut ablaufen können, da Epiphyten keine Staunässe vertragen.

Boden bepflanzen
Wenn Sie die Bodenfläche teilweise bepflanzen möchten, gehen Sie folgendermaßen vor:
• 3 bis 5 cm hohe Kiesdrainage, Korngröße 0,5 bis 3 mm, einbringen.
• Auch ein separates Wasserbecken auf die Drainageschicht stellen, da gelegentliches Überschwappen nicht auszuschließen ist.
• Den Kies mit Draht- oder Kunststoffgeflecht abdecken, damit grabende Tiere nicht alles durcheinanderwühlen.
• Je nach Größe der Pflanzen 3 bis 15 cm hoch Laub- oder Nadelerde als Pflanzsubstrat einfüllen.
• Die Topfballen wie im Balkonkasten in entsprechend große Pflanzlöcher setzen oder mit Topf eingraben.

Ratschläge für Auswahl und Kauf der Tiere

Wo Sie Terrarientiere bekommen
Sie erhalten Terrarientiere im Zoo-
fachgeschäft, auf Reptilienbörsen oder
von einem Terrarianer und Züchter.
Auch in Fachzeitschriften und vereins-
internen Mitteilungsblättern werden
häufig Nachzuchttiere angeboten (→
Adressen, Seite 62). Wenn Sie dabei
merkwürdig anmutende Zahlen-
kombinationen wie zum Beispiel 1,3;
2,0; oder 0,1 lesen, dann bedeutet
das: 1 Männchen, 3 Weibchen;
2 Männchen; 1 Weibchen. Links vom
Komma stehen die Männchen, rechts
die Weibchen.

Entscheidungshilfen für den Kauf
Bei einem großen Teil der Terrarientiere handelt es sich um sogenannte
Beutegreifer. Da es nicht jedem liegt,
lebende Beutetiere zu verfüttern, sollten Sie sich vor der Anschaffung über
diese Notwendigkeit klar sein (→ Tierische Nahrung, Seite 41), beziehungsweise für pflanzenfressende Arten
entscheiden.
Wie überall sollte das Preis-Leistungs-
Verhältnis stimmen. Nicht immer
garantieren hohe Preise auch ausgezeichnete Terrarientiere.
Der Ernährungszustand: Rippen, Rük-
kenwirbel und Beckenknochen sollten
nicht zu stark in Erscheinung treten.
An Rumpf, Schwanz und Oberschen-
keln darf die Haut nur leicht faltig sein.
Die Augen: Sie dürfen nicht zu tief in
den Höhlen liegen, und gesunde Tiere
sollten auf Störungen, beispielsweise
Handbewegungen, mit Flucht oder
Abwehr reagieren.

*Jungtier des Leo-
pardgeckos, der
gern kühlere,
feuchte Höhlen
aufsucht.*

• Die Augen und Lider müssen sauber
gehäutet sein. Alte, unter Umständen
mehrere Häute auf den Augen können
zur Erblindung führen.
• Schlangen mit weißen bis lichtblau
getrübten Augen sind nicht krank,
sondern befinden sich gerade in der
Häutungsphase, in der jede Störung zu
vermeiden ist.
Mein Tip: Die Übernahme sollte deshalb erst einige Tage später erfolgen.
Die Haut: Sie muß frei sein von Beulen,
Pusteln und offenen, eitrigen Wunden,
deren Ursache Stoffwechselstörungen,
Hautmykosen und bakterielle Infektionen sein können.
• Häutungsreste bei Schlangen können ebenfalls auf diese Erkrankungen,
allerdings auch nur auf mangelnde
Feuchtigkeit zurückzuführen sein.
• Bei Echsen, besonders bei solchen
mit Haftlamellen an den Zehen wie
Geckos und Anolis, auf eine ordnungs-
gemäße Häutung der Zehen achten,
denn durch Hautreste kommt es gelegentlich zu Abschnürungen.
Der Panzer: Nur bei ganz jungen
Schildkröten darf der Panzer einem
leichten Druck der Finger nachgeben,
bei älteren muß er hart und fest sein.
Das Maul: Es muß geschlossen sein.
Ruckartiges Öffnen und Sperren deu-
tet, besonders wenn außerdem
schmieriger Belag oder Schaum rund
um Nase und Maulspalte erscheint,
auf eine Erkältung hin. Schmierige Beläge im Maul dagegen weisen auf Kie-
ferentzündungen, Störungen des Verdauungstraktes oder der Atemwege
hin (→ Krankheiten, Seite 56).

Der ausgewachsene Leopardgecko zeigt sehr anschaulich, wie er zu seinem Namen kommt.

Achtung: Bei solchen Erscheinungen vom Kauf absehen. Und bedenken Sie, daß sehr wahrscheinlich auch die anderen Tiere in einem solchen Terrarium infiziert sind.

Außenparasiten: Kontrollieren Sie unbedingt alle Tiere eines Terrariums, denn wo eine Zecke oder eine Milbe ist, sind mit Sicherheit noch mehr. Geringer Befall ist nicht sonderlich problematisch, trotzdem besteht umgehend Handlungsbedarf (→ Krankheiten, Seite 58).

Mein Tip: Eine solche Behandlung sollten Sie im Quarantäneterrarium vornehmen.

Bißwunden, Narben, abgebrochene Schwänze: Frische beziehungsweise oberflächliche Verletzungen sind nicht gefährlich, stellen allerdings eine Wertminderung dar.

Der Transport

Der Transport von Reptilien erfolgt im allgemeinen in einem sauberen Leinenbeutel, bei Schildkröten oder größeren Echsen zusätzlich in einem Karton (→ Zeichnung Seite 59). Amphibien kommen in ein mit feuchtem Moos oder Schwamm gefülltes Plastikgefäß, aquatile Amphibien in einen entsprechend mit Wasser gefüllten Plastikbeutel (→ Zeichnung, links).

Kälteschutz: Kleine Verpackungen nehmen Sie bei kühlem Wetter unter die Jacke, größere Behältnisse werden in einem Styroporkarton transportiert. Bei weiten Wegen diesen Karton zusätzlich mit einer Wärmflasche auf 35 °C aufheizen.

Achtung: Das Tier niemals in einem offenen Korb, in der Hand oder an der Leine transportieren. Abgesehen vom Auskühlen könnte es entweichen und arglosen Passanten einen lebensgefährlichen Schock versetzen.

Wassertiere wie dieser Axolotl werden auch in ihrem Element transportiert.

Eingewöhnung

Bis das Tier parasitenfrei, gesund und futterfest ist, mindestens aber für acht Wochen, wird es zur Eingewöhnung zunächst in einem Quarantäneterrarium gehalten. Nur hier haben Sie die Möglichkeit Verhalten, Gesundheitszustand, Nahrungsaufnahme und Verdauung der Tiere zweifelsfrei zu beobachten (→ Vorsorge, S. 56). Außerdem ist es nur in der Quarantäne möglich, gezielt Kotproben zu entnehmen, die für eine Beurteilung des Gesundheitszustandes wichtig sind.

Hinweis: Ausnahmen bilden im Wasser lebende Amphibien, wenn sie nicht in einen vorhandenen Bestand integriert werden sollen, oder Nachzuchttiere aus einem alten und parasitenfreien Bestand.

Das Quarantäneterrarium

Ein ausgedientes Aquarium, versehen mit einem drahtbespannten Deckel, läßt sich gut als Quarantäneterrarium nutzen. Da es sich nur um eine vorübergehende Unterbringung handelt, ist die Hälfte des in den jeweiligen Tierporträts vorgegebenen Platzbedarfs ausreichend (→ Tierporträts, ab Seite 34).

Hinweis: Beleuchtung und Heizung sind unbedingt notwendig, eine Seitenlüftung ist nur bedingt erforderlich. Die Einrichtung kann spartanisch einfach, muß aber hygienisch, praktisch zu handhaben und zweckentsprechend sein (→ Zeichnung, Seite 31). Auf den Boden kommt eine Moltoprenmatte, 5 bis 10 mm dick, die leicht zu reinigen ist und bei entsprechender Befeuchtung auch für die nötige Luftfeuchtigkeit sorgt. Außerdem verstecken sich manche Tiere gerne darunter.

Mein Tip: Für Bewohner trockenerer Lebensräume kann auch Papier von der Küchenrolle genommen werden.

Ein Trink- bzw. Badegefäß muß vorhanden sein. Dieses aber nie zu weit füllen, weil überschwappendes Wasser von der Unterlage nur bedingt aufgesaugt wird.

Klettermöglichkeiten für die Tiere bieten Gezweig, ein Ast oder aber hochkant gestellte Eierpaletten, die bei Verschmutzung entsorgt werden.

Deckungsmöglichkeiten können Sie durch Tonröhren, Borke oder die schon genannten Paletten schaffen.

Mein Tip: Sollte der Neuankömmling besonders scheu und hektisch reagieren, ist das Abhängen mittels Papier oder Tuch anzuraten, welches nach einigen Tagen stückweise entfernt wird, um eine allmähliche Gewöhnung zu erreichen.

Pflege im Quarantäneterrarium

Hier sollte das Tier wirklich weitestgehend ungestört bleiben. Führen Sie deshalb nur die notwendigsten Maßnahmen durch wie:

• Wasser im Trink- und Badegefäß wechseln, Matte befeuchten.

• Entfernen von Kot, gegebenenfalls Papier oder Matte wechseln. Den Kot beurteilen, vor allem aber in Abständen zur Untersuchung senden (→ Krankheiten, Seite 56).

• Füttern. Eine erste Nahrungsaufnahme wird erst relativ spät erfolgen, und es braucht Sie zunächst nicht zu beunruhigen, wenn beispielsweise Schildkröten erst eine Woche, Insekten fressende Echsen zwei Wochen und Schlangen fünf und mehr Wochen nach dem Einzug wieder Nahrung zu sich nehmen.

Wichtig: Beim Verabreichen der ersten Nahrung darf das Tier nicht erschreckt werden . Blattwerk und Früchte werden einfach hineingelegt, lebende Futtertiere eingesetzt. Dann läßt man den Tieren Zeit, die Nahrung zu suchen.

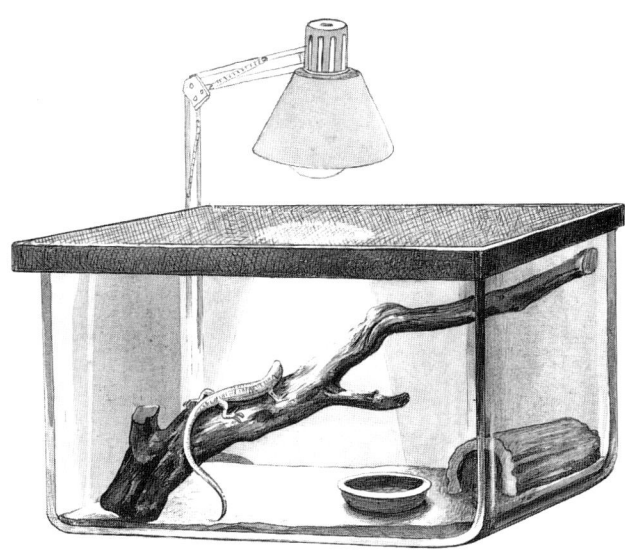

Ein Quarantäneterrarium wird mit einfachsten Mitteln eingerichtet.

Mein Tip: Das Tier nicht ständig vor die Nahrung setzen, es soll in der Eingewöhnungszeit zur Ruhe kommen.

Wer paßt zu wem?
Bei annähernd gleicher Größe können zusammen gehalten werden:
• Axolotl und Tigersalamander, wenn ein Landteil vorhanden ist.
• Riesenlaubfrosch und Korallenfingerlaubfrosch
• Agakröte und Berberkröte
• Spitzkopfschildkröte und Schlangenhalsschildkröte
• Leopardgecko und Blauschwanzskink
• Streifenbasilisk und Ritteranolis
• Stachelleguane aller Arten
• Strumpfbandnatter, Bändernatter und Prärie-Strumpfbandnatter (nur gleichgeschlechtliche)
• Kornnatter, Kükennatter, Amurnatter (nur gleichgeschlechtliche)

Tigersalamander

Ritteranolis

Chinesische Rotbauchunke

Kornnatter

32

Spitzkopfschildkröte

Stachelleguan

Beliebte Terrarientiere im Porträt

Aus der Zeit vor mehr als 350 Millionen Jahren stammt der früheste Skelettfund eines Schwanzlurches. Vor etwa 260 Millionen Jahren traten die ersten Reptilien auf, aus denen sich auch die als Dinosaurier bekannten Riesenformen entwickelten, welche vor 60 Millionen Jahren ausstarben. Die Funde der ersten Froschlurche sind 150 Millionen Jahre alt. Von diesen Urahnen der Amphibien und Reptilien erhielten sich nur die Schildkröten, die Panzerechsen und die Brückenechse nahezu unverändert bis in unsere Zeit. Die Ahnen der etwa 3000 Amphibien- und 6000 Reptilienarten entstanden vor 100 Millionen Jahren in der Kreidezeit. Ihre Nachkommen leben heute in den gemäßigten Klimazonen und besonders zahlreich in den Tropen.

Strumpfbandnatter

Grüner Leguan

Beliebte Terrarientiere

Die in diesem Ratgeber vorgestellten Tiere von Axolotl bis Xenopus (Krallenfrosch) stellen nur einen verschwindend kleinen Teil der etwa 9000 Amphibien- und Reptilienarten dieser Erde dar. Die Auswahl wurde von folgenden Überlegungen bestimmt: Für die Pflege im Anfänger-Terrarium geeignete Amphibien und Reptilien zu nennen, Tiere mit interessantem Verhalten aus unterschiedlichen Lebensräumen vorzustellen – vor allem aber solche, die sich nicht nur als gut zu halten, sondern auch als relativ leicht nachzüchtbar erwiesen haben. Die Möglichkeit der Zucht im Terrarium ist ebenso bedacht wie die Vermehrung auf Farmen in den Ursprungsländern, denn in menschlicher Obhut geborene Tiere müssen nicht den natürlichen Lebensräumen entnommen werden.

Artenschutzbestimmungen
Daß die Bestimmungen des Washingtoner Artenschutzübereinkommens (WA) und der Bundesartenschutzverordnung (S) berücksichtigt werden und nur Arten aufgelistet sind, die

Chinesische Rotbauchunke

auch gepflegt, gezüchtet und weitergegeben werden dürfen, ist die Basis dieser Auswahl.

Washingtoner Artenschutzübereinkommen (WA): Dieses internationale Vertragswerk regelt den Schutz unserer weltweit bedrohten Tier- und Pflanzenarten. Entsprechend dem Grad ihrer Schutzbedürftigkeit wurden auch verschiedene Amphibien und Reptilien in die Schutzkategorien I, II und III aufgenommen.

Bundesartenschutzverordnung (S): Alle in Europa heimischen Amphibien und Reptilien stehen unter Naturschutz. Die Bundesartenschutzverordnung untersagt jegliche Entnahme aus der Natur. Selbst europäische Tiere, die nachweislich in Menschenobhut nachgezogen wurden, dürfen ohne eine gesonderte Ausnahmegenehmigung der zuständigen Naturschutzbehörde nicht vermarktet werden.

Erwerb: Die im Zoofachhandel angebotenen Amphibien und Reptilien erfüllen die gesetzlichen Artenschutzvoraussetzungen und können legal erworben werden.

Zucht: Die Zucht der in diesem Buch vorgestellten Tiere ist grundsätzlich erlaubt. Allerdings kann die Naturschutzbehörde die Zuchterlaubnis bei artengeschützten Tieren von dem Nachweis abhängig machen, daß der Züchter über ausreichende Kenntnisse sowie eine artgerechte Unterbringung verfügt.

Nachweispflicht: Als Halter eines artgeschützten Tieres müssen Sie den rechtmäßigen Besitz nachweisen. Die sogenannte CITES-Bescheinigung erfüllt als Quasi-Personalausweis diese Voraussetzung für Tiere, die dem Washingtoner Artenschutzübereinkommen unterliegen.

Meldepflicht: Der Halter eines artgeschützten Tieres hat dessen Besitz un-

verzüglich der zuständigen Naturschutz behörde – im Regelfall das Land-
ratsamt oder das Regierungspräsidium –
anzuzeigen, es sei denn, dieses Tier ist
ausdrücklich von der Meldepflicht befreit. Folgende Angaben sind hierbei
erforderlich: Inhaber, ausstellende
Behörde, Art, Alter, Geschlecht, Ur-
sprungsland, Gewicht, Größe, Datum
des Erwerbs, Anhang-Nummer, Kenn-
zeichen und CITES-Nummer.
Wichtig: Bitte beachten Sie, daß sich
die gesetzlichen Bestimmungen und
die Schutzkategorien der einzelnen Arten ständig ändern und den Gegebenheiten in der Natur angepaßt werden.
Der hier angegebene Schutzstatus für
die jeweiligen Tiere bezieht sich auf
den Stand vom 1.10.1995.

Kriterien des Porträtteils
Schutzstatus: Alle in Übereinkommen
oder Verordnungen genannten Arten,
deren Besitz oder Transfer reglemen-
tiert ist, sind in den folgenden Tierporträts mit »WA« beziehungsweise »S«
gekennzeichnet. Ohne amtliches Doku-
ment darf keines dieser Tiere in den
Verkehr gebracht werden.
Größe der Tiere: Die in den Tierporträts
genannten Größenmaße sind Höchst-
maße erwachsener Tiere. Die Kopf-
Rumpf-Länge, von der Schnauzenspitze
bis zur Kloake, ist wegen der erheb-
lichen Schwanzlänge mancher Echsen
von Bedeutung.
Fütterungsempfehlungen: Bei der
Nahrung ist angegeben, wie oft eine
Fütterung erfolgen soll. Diese Angaben
gelten für halbwüchsige und ausgewachsene Exemplare, Jungtiere sind
häufiger, aber höchstens einmal am
Tag, zu füttern.
Terrarienmaße: Die empfohlenen Terrarienmaße geben Länge x Breite x Höhe
an. Wenn nicht anders genannt, gelten
sie für ausgewachsene Tiere.

Amphibien im Porträt

Axolotl
Ambystoma mexicanum
Foto Seite 17, Zeichnung Seite 30
Schutzstatus: WA II, von der Melde-
pflicht befreit, von der CITES-Beschei-
nigung ausgenommen.
Gesamtlänge: 25 bis 30 cm.
Verbreitung: Mittelamerika.
Lebensraum: Verkrautete Gewässer in
höheren Lagen.
Verhalten: Tag- und dämmerungsaktiv.
Haltung: Aquaterrarium, auch ohne
Landteil, 70x40x40 cm für 2 Exem-
plare.
Dekoration: Moorkienholz, emerse
und submerse Wasser- und Kletter-
pflanzen.
Temperatur: 18 bis 25 °C.
Nahrung: 3mal wöchentlich (Larven
täglich), Wasserflöhe, Mückenlarven,
Regenwürmer, zerkleinerter Fisch.
Unter ähnlichen Bedingungen zu pfle-
gen: **Krallenfrosch** *Xenopus laevis*,
Foto Seite 9, 11 cm, trop. Afrika.

Riesenlaubfrosch
Litoria infrafrenata
Foto Seite 40, Zeichnung Seite 62
Gesamtlänge: 7 bis 10 cm.
Verbreitung: Neuguinea, Australien.
Lebensraum: Trop. Regenwald, in der
Nähe von Gewässern.
Verhalten: Nacht- u. dämmerungsak-
tiv, lebt auf großen Blättern.
Haltung: Aquaterrarium 80x40x50 cm,
etwa 2/3 Landteil, Wasserhöhe 10 bis
20 cm, für 4 Exemplare.
Dekoration: Geäst, Pflanzen mit gro-
ßen und kräftigen Blättern.
Temperatur: Tags 25 bis 28 °C, nachts
20 bis 25 °C.
Luftfeuchtigkeit: 75 bis 95 %.
Nahrung: 2mal wöchentlich (Kaul-
quappen täglich), große Insekten,
nestjunge Mäuse.

Besonderheit: Nicht mit kleinen Fröschen zusammen pflegen, Räuber!
Unter gleichen Bedingungen zu pflegen: **Korallenfingerlaubfrosch** *Litoria caerulea*, Foto Seite 4 und 37, 10 cm, Australien, Neuguinea.

Chinesische Rotbauchunke
Bombina orientalis
Foto Seite 32, Zeichnung Seite 34
Schutzstatus: S, von der Meldepflicht ausgenommen.
Gesamtlänge: 5 bis 6 cm.
Verbreitung: Ostasien.
Lebensraum: Stark bewachsene Gewässer mit verkrauteten Ufern.
Verhalten: Tag- u. dämmerungsaktiv, lebt gesellig, flüchtet ins Wasser.
Haltung: Aquaterrarium 70x40x40 cm mit Insel, Wasserhöhe 10 bis 20 cm, für 6 Exemplare.
Dekoration: Als Insel bemooste Steine oder Holz, emerse und submerse Wasser- und Kletterpflanzen.
Temperatur: Tags 20 bis 25 °C, nachts 18 bis 20°C, im Winter bis 5 °C weniger.
Luftfeuchtigkeit: 70 bis 90 %.
Nahrung: 2mal wöchentlich (Kaulquappen täglich), Insekten, Wiesenplankton, kleine Regenwürmer.
Besonderheit: Fressen bei kühleren Temperaturen deutlich weniger.
Unter ähnlichen Bedingungen zu pflegen: **Tigersalamander** *Ambystoma tigrinum*, Foto Seite 32, 25 bis 30 cm, Nordamerika.

Agakröte
Bufo marinus
Foto Seite 37 und 49
Gesamtlänge:15 bis 20 cm.
Verbreitung: In den Tropen weit verbreitet.
Lebensraum: Trop. Regenwald, Kulturlandschaften wie Zuckerrohrplantagen.
Verhalten: Nacht- u. dämmerungsaktiv, lebt am Boden in Wassernähe.

Haltung: Aquaterrarium 120x50x50 cm, etwa 2/3 Landteil, Wasserhöhe etwa 10 cm, für 2 Exemplare.
Dekoration: Epiphytenäste, Kletterpflanzen, die aber unerreichbar sein müssen, da sie sonst abgerissen werden.
Temperatur: 25 °C.
Luftfeuchtigkeit: 75 bis 95 %.
Nahrung: 1 bis 2mal wöchentlich (Kaulquappen täglich), Insekten, Regenwürmer, nestjunge Mäuse.
Besonderheit: Nur Tiere gleicher Größe vergesellschaften, Räuber!
Unter gleichen Bedingungen zu pflegen: **Grabfrosch** *Pyxicephalus adspersus*, Foto Seite 37, 20 bis 25 cm, Weibchen deutlich kleiner, Afrika südlich des Äquators, sehr ruhiger Frosch.
Unter ähnlichen Bedingungen zu pflegen: **Berberkröte** *Bufo mauretanicus*, Foto Seite 52, 10 bis 12 cm, Nordafrika, lebhafter Froschlurch.

Reptilien im Porträt

Spitzkopfschildkröte
Emydura albertisii
Foto Seite 33
Gesamtlänge: 16 cm.
Verbreitung: Neuguinea.
Lebensraum: Gewässer, Uferränder.
Verhalten: Tagaktiv, lebt gesellig.
Haltung: Aquaterrarium 120x60x60 cm, mit besonnter Insel, für 3 Exemplare.
Dekoration: Insel, besser noch aus dem Wasser ragendes Holz, mit Sonnenplatz.
Wichtig: Von oben in das Terrarium rankende Pflanzen müssen für die Tiere unerreichbar bleiben, da Fluchtgefahr.
Temperatur: 25 °C, Sonnenplatz bis 35 °C, UV-Bestrahlung.
Luftfeuchtigkeit: 70 bis 90%.

Nahrung: 3mal wöchentlich, Wasserflöhe, Mückenlarven, Garnelen, zerkleinerten Fisch, Regenwürmer, gelegentlich vegetarische Nahrung.
Besonderheit: Sehr schwimmfreudig.
Unter ähnlichen Bedingungen zu pflegen: **Schlangenhalsschildkröte** *Chelo-
dina novaeguineae*, Zeichnung Seite
38, 22 cm, Neuguinea.

Leopardgecko
Eublepharis macularius
Foto Seite 28 und 29
Gesamtlänge: 20 cm.
Kopf-Rumpf-Länge: 12 cm.
Verbreitung: Kleinasien, nordwestli-
ches Indien.
Lebensraum: Trockengebiete.
Verhalten: Nacht- u. dämmerungs-
aktiv, am Boden lebend. Sucht tags
kühlere und feuchte Höhlen auf.
Haltung: Wüstenterrarium 50x50x40
cm für 3 Exemplare.
Dekoration: Steinaufbauten, Sand,
Geröll mit feuchten Schlupfwinkeln,
Trockengräser.
Temperatur: Tags 30 °C, nachts 20 °C,
während Ruhezeit von November bis
Februar ständig etwa 20 °C.
Luftfeuchtigkeit: 50 bis 70 %.
Nahrung: 3mal wöchentlich, Insekten,
nestjunge Mäuse.
Besonderheit: Trinkwasser wird von
der Dekoration aufgeleckt, täglich
1mal sprühen.
Unter ähnlichen Bedingungen zu pfle-
gen: **Blauschwanzskink** *Mabuya quin-
quetaeniata*, Foto Innentitel, 25 cm,
Kopf-Rumpfl. 9 cm, Zentralafrika, Sa-
vanne, Dornbuschsteppe.

Stachelleguan
Sceloporus poinsetti
Foto Seite 33
Gesamtlänge: 26 cm.
Kopf-Rumpf-Länge: 12 cm.
Verbreitung: Südwestl. Nordamerika.

Korallenfingerlaubfrosch

Agakröte

Grabfrosch

Lebensraum: Gebirge bis 2500 m, trockenheiße Geröllhänge.
Verhalten: Tagaktiv, bodenbewohnend, gesellig lebend.
Haltung: Wüstenterrarium 150x60x60 cm für 6 Exemplare.
Dekoration: Steinaufbauten, Kies, trockene Sträucher.
Temperatur: Tags punktuell bis 40 °C, die Tiere müssen aber in kühlere Zonen ausweichen können, nachts 15 °C, während Ruhezeit von November bis Februar ständig 15 bis 20 °C, Sonnenplätze, UV-Bestrahlung.
Luftfeuchtigkeit: 50 bis 70 %.
Nahrung: 3mal wöchentlich, Insekten, nestjunge Mäuse, gelegentlich auch Blätter und Blüten.
Besonderheit: Trinkwasser wird aufgeleckt, täglich 1mal sprühen, lebendgebärend.
Unter ähnlichen Bedingungen zu pflegen: **Bartagame** Pogona vitticeps, Foto Seite 64, Zeichnung Seite 2, Schutzstatus S, von der Meldepflicht ausgenommen, 55 cm, Kopf-Rumpf-Länge 25 cm, Australien, Buschsteppe, Savannenwald.

Schlangenhalsschildkröte

Jemen-Chamäleon

Chamaeleo calyptratus
Foto Seite 57
Schutzstatus: WA II, S.
Gesamtlänge: 65 cm.
Kopf-Rumpf-Länge: 30 cm.
Verbreitung: Südwestl. Arabische Halbinsel.
Lebensraum: Buschland, in höheren Lagen auch in seltenem Galeriewald.
Verhalten: Tagaktiv, im Gezweig von Büschen und Bäumen lebend.
Haltung: Waldterrarium 100x100x120 cm für ein Paar, 60x60x90 cm für 1 Exemplar.
Dekoration: Geäst, das von den Zehen zu umfassen ist, hartlaubige Pflanzen.
Temperatur: Tags 25 bis 32 °C, nachts 15 bis 18 °C, Sonnenplätze, UV-Bestrahlung.
Luftfeuchtigkeit: 60 bis 95 %.
Nahrung: 3mal wöchentlich, Insekten, nestjunge Mäuse, gelegentlich vegetarische Nahrung.
Besonderheit: Trinkwasser wird aufgeleckt, täglich 1mal sprühen.

Streifenbasilisk

Basiliscus vittatus
Foto Seite 25
Gesamtlänge: 75 cm.
Kopf-Rumpf-Länge: 20 cm.
Verbreitung: Mittelamerika.
Lebensraum: Tropischer Regenwald, immer in der Nähe von Gewässern.
Verhalten: Tagaktiv, baumbewohnend, scheu und hektisch, gesellig lebend.
Haltung: Regenwaldterrarium 100x100x120 cm für 4 Exemplare.
Dekoration: Kletteräste, Stubben, Wasserbecken, hartlaubige Pflanzen.
Temperatur: Tags 25 bis 30 °C, nachts 20 bis 25 °C, Sonnenplätze, UV-Bestrahlung.
Luftfeuchtigkeit: 60 bis 90 %.
Nahrung: 3mal wöchentlich, Insekten, zerkleinerter Fisch, Regenwürmer,

nestjunge Mäuse, gelegentlich vegetarische Nahrung.
Besonderheit: Badet gern.
Unter ähnlichen Bedingungen
zu pflegen: **Ritteranolis** *Anolis*
equestris, Foto Seite 5 und 32, 55 cm,
Kopf-Rumpf-Länge:20 cm, Kuba, ein-
gebürgert in Florida, Besonderheit:
Haftlamellen, badet nicht. **Tokeh** *Gek-*
ko gecko, Foto Seite 56, 35 cm, Kopf-
Rumpflänge: 17 cm, Südostasien,
nachtaktiv. Besonderheit: Spaltpupille,
Haftlamellen, aggressiv, badet nicht.

Tokehs finden mit ihren
Haftlamellen überall Halt.

Grüner Leguan

Iguana iguana
Foto Seite 8 und 33, Zeichnung
Seite 46
Schutzstatus: WA II
Gesamtlänge: 200 cm.
Kopf-Rumpf-Länge: 50 cm.
Verbreitung: Mittelamerika bis mittle-
res Südamerika.
Lebensraum: Tropische Regen- und
Savannenwälder, immer in der Nähe
von Gewässern, jedoch auch Popula-
tionen in trockeneren Küstenzonen.
Verhalten: Tagaktiv, baumbewoh-
nend, badet gelegentlich, gesellig le-
bend, jedoch nur ein erwachsenes
Männchen in einer Gruppe!
Haltung: Waldterrarium 200x150x200
cm für 2 Exemplare.
Dekoration: Kletteräste, die im Durch-
messer dem Echsenrumpf entspre-
chen, Wasserbecken, keine Pflanzen!
Temperatur: Tags 25 bis 35 °C, nachts
20 bis 22 °C, Sonnenplätze, UV-Bestrahlung.
Luftfeuchtigkeit: 60 bis 90 %.
Nahrung: Täglich, überwiegend vegetarisch, Jungtiere und manche ausge-
wachsenen Exemplare auch große Insekten, nestjunge Mäuse, Regenwürmer und Fisch.
Besonderheit: Kann zahm werden, aber
immer die scharfen Krallen beachten!

Wichtig: Die zu erwartende Endgröße
und der daraus entstehende Raumbedarf verpflichtet den potentiellen Halter, sich vorher mit den Konsequenzen
auseinanderzusetzen!

Strumpfbandnatter

Thamnophis sirtalis
Foto Seite 33
Gesamtlänge: 130 cm.
Verbreitung: Nordamerika, in mehre-
ren Unterarten.
Lebensraum: Wald, Buschland, Feucht-
gebiete, immer in der Nähe von Ge-
wässern.
Verhalten: Tagaktiv, badet gern, fängt
Beute auch im Wasser.
Haltung: Aquaterrarium 100x50x50
cm, ca. 2/3 Landteil, Wasserhöhe
10 bis 20 cm, für 3 Exemplare.
Dekoration: Kletteräste, Stubben,
emerse und submerse Wasser- und
Kletterpflanzen.
Temperatur: Tags 18 bis 30 °C, nachts
18 °C, während Ruhezeit von Novem-
ber bis Februar 15 bis 18 °C.
Luftfeuchtigkeit: 70 bis 95 %.
Nahrung: 1mal wöchentlich, Fisch, Re-
genwürmer, nestjunge Mäuse.
Besonderheit: Lebendgebärend, friedli-
che Schlange.
Unter gleichen Bedingungen zu pfle-
gen: **Prärie-Strumpfbandnatter**
Thamnophis radix, 100 cm, Nordamerika.

Der Riesenlaubfrosch wird bis zu 10 cm lang und wird im Aquaterrarium mit Landteil gepflegt.

Bändernatter *Thamnophis sauritus,* 100 cm, östl. Nordamerika.

Kornnatter
Elaphe guttata
Foto Seite 32 und 45
Gesamtlänge: 180 cm.
Verbreitung: Nordamerika.
Lebensraum: Wald, Buschland, Kultur-landschaft.
Verhalten: Tagaktiv, klettert gern.
Haltung: Waldterrarium 150x70x70 cm für 2 Exemplare.

Dekoration: Kletteräste, Stubben, hart-laubige Pflanzen, Wasserbecken.
Temperatur: Tags 18 bis 30 °C , nachts 18 °C, während Ruhezeit von Novem-ber bis Februar 15 bis 18 °C.
Luftfeuchtigkeit: 60 bis 90 %.
Nahrung: 1mal wöchentlich, Mäuse.
Besonderheit: Friedliche Schlange.
Unter gleichen Bedingungen zu pfle-gen: **Kükennatter** *Elaphe obsoleta,* Foto Seite 44, 200 cm, Nordamerika.
Amurnatter *Elaphe schrenckii*, 170 cm, Ostasien.

Wie die Terrarientiere ernährt werden

Je nach ihren unterschiedlichen Ernährungsweisen teilen wir unsere Pfleglinge ein in solche, die pflanzliche beziehungsweise tierische Nahrung aufnehmen, und solche, die sich als Gemischtköstler von beidem ernähren. In den Tierporträts finden Sie genaue Empfehlungen zur bevorzugten Nahrung der jeweiligen Terrarientiere (→ ab Seite 35).

Pflanzliche Nahrung

<u>Obst und Gemüse:</u> Aus dem eigenen Garten oder aus biologischem Anbau stellt es eine vollwertige Ernährung dar. Besonders empfehlenswerte Gemüse sind geschabte Möhren, mit den wichtigen Vorstufen des Vitamin A, sowie Spinat und Grünkohl, die reich an Vitamin B und Mineralstoffen sind. Zitrusfrüchte und Paprika werden gerne gefressen und sind wertvoll durch ihren hohen Gehalt an Vitamin C. Grundsätzlich ist in unseren Breiten gezogenes und naturgereiftes Obst exotischen Genüssen vorzuziehen, weil importierte Früchte immer grün geerntet werden.

<u>Reis:</u> Naturgemäß wird es schwierig, alle vorgenannten Vegetabilien während der Wintermonate zu beschaffen. Da hat es sich bewährt, in dieser Jahreszeit gelegentlich eine Reismahlzeit anzubieten.

Mein Tip: In den gekochten Reis Bananen, geriebene Äpfel und Möhren, aber auch ungeschwefelte Rosinen, Datteln und Feigen als Geschmacksnuancen einmischen. Diese variabel zu gestaltende Reisnahrung eignet sich hervorragend zum Einmengen von Vitaminen und Mineralstoffen (→ Seite 43).

<u>Heu:</u> Ebenfalls eine ausgezeichnete Nahrung ist Heu, das Sie, entsprechend kurz geschnitten, in alle Obst- und Reismischungen mengen, aber auch ständig als Dauergabe anbieten können.

Gräser und Kräuter

Die wertvollste Nahrung für Vegetarier und Gemischtköstler besteht aus allen wildwachsenden Gräsern und Kräutern. Besonders geeignet sind Löwenzahn, Wegerich, Klee, Melde und Vogelmiere, selbstverständlich inklusive aller Blüten. Aber die Futterpflanzen nicht am Rande vielbefahrener Straßen, Müllhalden oder an anderen, erfahrungsgemäß mit Schadstoffen belasteten Orten sammeln (→ Zeichnung, Seite 43).

Tierische Nahrung

Bei einem großen Teil unserer Pfleglinge handelt es sich um Beutegreifer, und Sie sollten sie auch wirklich lebende Beutetiere greifen lassen. Beutegreifer können wir nun mal nicht mit Gehacktem ernähren. Davon abgesehen ist reines Muskelfleisch für keinen animalischen Kostgänger gut. Skelett, Haare, Schuppen, Chitin und Mageninhalte von Futtertieren sind für die Ernährung, aber auch für die Verdauungsvorgänge von großer Bedeutung.

Der Grabfrosch lebt in und am Wasser, vergräbt sich aber während der Trockenzeit im Boden.

Die hier genannten Futtertiere können Sie im Zoofachhandel oder bei Züchtern kaufen.

Kleinsäuger

Ratten und Mäuse werden zur Ernährung größerer Reptilien benötigt.

Wassertiere

Süßwasserfische wie Plötze, Rotfeder, Karausche und andere Weißfische sind nicht nur leicht verdauliche, proteinreiche Kost, sie haben auch den höchsten Gehalt an Mineralstoffen. Da die Versorgung nicht immer gewährleistet ist, sollte ein Vorrat in der Tiefkühltruhe eingelagert sein.

Wasserflöhe, Mückenlarven und Bachflohkrebse sind für kleine Wasserschildkröten und im Wasser lebende Amphibien eine ausgezeichnete Kost.

Achtung: Die Gewässer können verpachtet oder geschützt sein, deshalb vorher Besitz- und Naturschutzrechte abklären (→ Wiesenplankton).

Insekten und Spinnentiere

Heimchen und Grillen sind die am häufigsten im Zoohandel angebotenen Futterinsekten, die für viele animalische Kostgänger geeignet sind.

Wanderheuschrecken eignen sich nur für größere Pfleglinge.

Essigfliegen sind für die Versorgung junger Reptilien und kleinbleibender Amphibien von Bedeutung. Auch deren Maden sind eine besonders von kleinen Amphibien gern genommene Beute. Während der Sommermonate kann die Essigfliege mit Obst geködert werden. Sonst über den Fachhandel beziehen.

Mein Tip: Um das Entweichen einzuschränken, etwas säuerndes Obst im Terrarium deponieren. Dieser Platz wird dann auch von den Beutegreifern bevorzugt aufgesucht.

Wiesenplankton ist der Oberbegriff für Insekten und Spinnentiere, die Sie beim Abstreifen von krautigen Wiesen und Feldrainen mit einem Streifnetz selbst sammeln können. Es ist sicher die natürlichste Nahrung, die den insektenfressenden Pfleglingen geboten werden kann. In solchen Lebensräumen wachsen übrigens auch weitgehend schadstofffreie Futterpflanzen.

Achtung: Sie dürfen aber nicht in Schutzgebieten sammeln, und unter der »Beute« dürfen sich keine geschützten Arten befinden. Informationen über Naturschutzverordnungen erhalten Sie bei der Gemeinde- oder Stadtverwaltung.

Blattläuse sind das am einfachsten zu beschaffende Naturfutter und ausgezeichnet einzusetzen bei der Ernährung kleiner Amphibien und Reptilien.

Schnecken und Würmer

Nackt- und Gehäuseschnecken werden von vielen Gemischtköstlern gern angenommen.

Mein Tip: Während der Vegetationsperiode gesammelt, lassen sie sich für einige Wochen im Kühlschrank bei 5 bis 10 °C aufbewahren.

Regenwürmer sind wegen ihres erdigen Mageninhaltes wesentliche Mineralstoffträger. Sie können sie sammeln, ausgraben oder im Angelbedarfgeschäft kaufen.

Fertignahrung

Katzenfertignahrung aus der Dose hat sich als gutes Ergänzungsfutter für viele animalische Kostgänger und Gemischtköstler erwiesen, das auch vitamin- und mineralreich ist.

Wichtig: Es darf aber nicht zum Routinefutter werden. Auch animalisch lebende Terrarientiere brauchen eine gesunde und möglichst abwechslungsreiche Kost.

Vitamine und Mineralstoffe

Vitamine sind Auslöser lebensnotwendiger Stoffwechselvorgänge, die natürlicherweise mit der Nahrung aufgenommen oder während bestimmter Verdauungsabläufe gebildet werden. Mineralstoffe wie Calcium, Phosphor und Magnesium dienen in erster Linie dem Knochen- und Zahnaufbau. Deshalb vor allem im Wachstum befindliche Jungtiere damit versorgen. Spurenelemente wie Kalium, Eisen, Jod, Fluor und Selen sind wichtig für die Bildung von Enzymen und Hormonen. Da Vitamine und Mineralstoffe unter Terrarium-Bedingungen nicht oder nur unzureichend aufgenommen beziehungsweise im Körper gebildet werden, sind sie der Nahrung zuzusetzen. Bei deutlichen Anzeichen von Mangelerscheinungen wie Augenlidschwellungen und Rachitis (→ Seite 59) kann auch eine direkte Verabreichung angezeigt sein. Vitamin- und Mineralstoffpräparate für Terrarientiere sind als Tropfen und als Pulver im Zoofachhandel und als Multivitaminpräparate in Apotheken oder beim Tierarzt erhältlich, der auch die Dosierung nennen wird. Tropfen werden den Tieren direkt ins Maul getropft (→ PRAXIS Pflege, Zeichnung 1, Seite 50/51), Pulver wird unter die Nahrung gemischt. Beachten Sie die Gebrauchsanweisung.

Mein Tip: Eierschalen oder den Schulp vom Tintenfisch (Sepiaschale) zerbröseln und wöchentlich etwas davon ins Terrarium streuen. Viele Echsen und Schildkröten nehmen die Bröckchen gierig auf.

Die Tiere tränken

Alle in diesem Ratgeber vorgestellten Amphibien, Schildkröten und Strumpfbandnattern werden in Aquaterrarien gepflegt und sind im Bedarfsfall mit Trinkwasser versorgt – ein Grund mehr, das Wasser regelmäßig zu wechseln. Regenwaldterrarien sind ohnehin täglich zu sprühen, der »Taufall« wird von den Tieren als Trinkwasser genutzt. Bei allen anderen Reptilien ist das zur Einrichtung gehörende Wasserbecken Bad und Tränke zugleich.

Wann füttern?

Die Nahrung ist grundsätzlich während der Aktivitätsphase, möglichst mit deren Beginn, anzubieten (→ Tierpor-

Wildwachsende Gräser und Kräuter sind besonders gesunde Leckerbissen.

träts, ab Seite 35). Wenn das Terrarium mittels Schaltuhr einen eigenen Rhythmus hat, ist dieser selbstverständlich zu berücksichtigen.

Wieviel füttern?

Lassen Sie sich schon beim Kauf beraten, und bringen Sie durch Beobachten bald genau in Erfahrung, wieviel Ihre Pfleglinge fressen. Die Nahrungsmenge, die beim Füttern gierig aufgenommen wird, ist die richtige. Jedes Mehr ist zuviel, die Tiere sollen nicht pausenlos fressen.

Wichtig: Schlangen erhalten während der Häutungsphase keine Nahrung.

Wie füttern?

Feuchte Nahrung wie zerkleinertes Obst, Gemüse und Reis, aber auch Katzenfertignahrung wird in Näpfen angeboten. Diese müssen so flach sein, daß die Tiere die Nahrung erreichen, aber auch ausreichend schwer, um nicht zu kippen (→ Zeichnung, Seite 46).

Mein Tip: Verbessern Sie diese Art Nahrung mit Vitaminen und Mineralstoffen.

Die Kükennatter ist eine leicht zu pflegende Schlange.

Blattwerk, Gräser und Heu werden auf den Terrarienboden gelegt, dabei sollten Sie den Platz meiden, den die Tiere als bevorzugten Kot- und Harnplatz nutzen.

Futtertiere erst einsetzen, nachdem sowohl Art als auch Größe des bevorzugten Beutetieres mit Hilfe von Verkäuferinformation, Beobachtung und Ausprobieren zweifelsfrei festgestellt worden sind. So gehen Sie sicher, daß das Beutetier nicht fliehen kann, sondern zügig ergriffen wird.

Mein Tip: Da die Folgen eines falschen Umgangs mit Lebendfütterung fatal sein können, immer die Nahrungsaufnahme überwachen – es sind schon Terrarientiere von Futtertieren angefressen worden.

Hinweis: Werden mehrere Tiere in einem Behälter gehalten, ist es sicherer, ihnen die Beute mit einer Pinzette vorzuhalten, um durch Futterneid verursachte Störungen bei der Fütterung auszuschließen.

Futterfische in schluckgerechter Größe am besten lebend ins Wasser setzen, wo Beutegreifer sie packen und verschlingen. Zerkleinerten Fisch nicht als Filet, sondern mit Schuppen, Gräten und Eingeweiden verfüttern.

Wichtig: Alle Nahrung aus der Tiefkühltruhe langsam auftauen und erst vollkommen durchtemperiert verfüttern.

Insekten lassen sich gut mit Vitamin-/ Mineralstoffgemisch (→ Seite 13) bestäuben: Eine Löffelspitze von dem Gemisch in eine Dose oder einen Plastikbeutel geben, Insekten einsetzen, verschließen und schütteln, bis die Futtertiere wie bemehlt erscheinen. Anschließend einzeln vorwerfen, damit die Beutegreifer sie nach kurzer Jagd erbeuten, oder aber mit der Pinzette vorhalten, damit sie nicht entweichen können.

Jungtiere der Kornnatter. Sie stammt wie die Kükennatter aus Nordamerika.

<u>Wichtig:</u> Nicht verspeiste Insekten wieder herausgreifen, da sie für Tiere und Pflanzen eine Gefahr darstellen können.

<u>Wiesenplankton</u> wird direkt ins Terrarium gesetzt. Es wird sich auf Grund des anderen Klimas dort nicht einnisten.

<u>Blattläuse</u> mit den Blättern und Stengeln einbringen.

<u>Regenwürmer und Schnecken</u> unter Aufsicht anbieten, denn sie verkriechen sich und gehen als Nahrung verloren.

<u>Hinweis:</u> In größerer Zahl entwichene Schnecken können den Pflanzen gefährlich werden!

Füttern im Aquaterrarium

Aquatil lebende Terrarientiere erhalten lebende und tote Nahrung ins Wasser. Gerade bei diesen besonders präzise füttern, denn jedes Zuviel verdirbt das Wasser.

Zwangsfütterung

Erscheint Ihnen eine Nahrungsverweigerung außergewöhnlich lang, so befragen Sie unbedingt einen erfahrenen Terrarianer, bevor Sie zu Zwangsmaßnahmen greifen. Verbindliche Ausagen über noch tragbare Fastenzeiten lassen sich kaum machen, da diese immens weit auseinander liegen, tatsächlich von zwei Wochen bis zu zwei Jahren. Bei Echsen und Schlangen ist die Chance des Maulöffnens und Einführens der Nahrung relativ groß (→ PRAXIS Pflege, Seite 50/51). Eine Zwangsfütterung bei Schildkröten und Amphibien erfordert dagegen so große Routine und ist mit so viel Streß für die Tiere verbunden, daß sie von Terrarienanfängern keinesfalls vorgenommen werden sollte.

Die richtige Pflege

Zur Pflege von Terrarientieren gehört nicht nur eine Menge Einfühlungsvermögen, sondern vor allem auch die Bereitschaft, Erfahrungen zu sammeln. Aufmerksam hinzuschauen und das Gesehene richtig zu deuten ist die Basis der Pflege eines Terrariums. Kurzgefaßt: Beobachten ist die halbe Pflege.

Vier wichtige Pflegeregeln

1. Sorgfältige Pflege und Hygiene bekommt nicht nur der Gesundheit der Tiere (→ Krankheiten, Seite 56), auch der Pfleger schützt sich dadurch. Grundsätzlich gibt es aber keine direkte Infektionsgefahr beim Umgang mit Terrarientieren.
2. Nicht mehr als nötig am Terrarium arbeiten, jedes Zuviel wirkt störend. Sie werden zwar merken, wie sich mit zunehmender Gewöhnung die Scheu der Tiere verringert, dennoch bedeutet jede Störung Streß.
3. Ganz gleich, ob Sie ein oder mehrere Becken besitzen, ein überschaubares Umfeld erleichtert die Pflege und hilft, Pannen und Unfälle zu vermeiden.

4. Türen und Deckel von Terrarien sind stets sorgfältig zu verschließen. Entwichene Tiere haben außerhalb des Terrariums keine Überlebenschance, außerdem verbreiten sie nicht selten Angst und Schrecken.

Hautpflege

Eine mit der Fellpflege bei Hunden und Pferden vergleichbare Körperpflege ist bei Terrarientieren nicht erforderlich. Hier müssen Sie statt dessen auf die Häutung und deren regelgerechten Ablauf achten. Lediglich bei den Amphibien geschieht die Häutung ohne Komplikationen.

Mein Tip: Um das Häutungsverhalten Ihrer Echsen und Schlangen kennenzulernen, alle Beobachtungen genau notieren.

Häutung bei Schlangen

In Abhängigkeit von Art und Alter verliert die Haut mehrfach im Jahr, zunächst kaum merklich, an Glanz. Dann verdunkeln sich die Farben, und eines Tages ist die Schlange licht-bläulich, gräulich oder weißlich verfärbt. Am auffälligsten ist diese ganz normale,

Der Futternapf muß robust sein, damit auch kräftige Tiere wie der Grüne Leguan ihn nicht umwerfen können.

keineswegs krankhafte Veränderung an den Augen zu beobachten.

Nach vier bis sieben Tagen wird die ganze Schlange, einschließlich der Augen, wieder klar, und weitere drei bis fünf Tage später beginnt sie ihre Haut abzustreifen. Dazu reibt und scheuert sie mit den Lippenschildern an festen Gegenständen und löst so die an den Mundschleimhäuten ansetzende Haut. Nach dem zunächst noch anstrengenden Abstreifen der Haut am Kopf, besonders an den Augen, sollte alles weitere zügig verlaufen.

Nattern schlüpfen der Länge nach aus der Haut – man findet dann das sogenannte Natternhemd – Riesenschlangen rollen die Haut vom Hals an über den Rumpf, wie man einen Strumpf über das Bein rollt.

Achtung: Es ist besonders wichtig, daß sich die Haut der Augen, die »Brille«, ganz ablöst, weil Rückstände zu Erkrankungen am Auge führen können.

<u>Häutungsstörungen:</u> Erfolgt das Abstreifen in Fetzen, kann das schon der Hinweis auf eine Störung sein. Um Abhilfe zu schaffen, versuchen Sie die Ursache der Störung zu erkennen und zu beheben.

<u>Störungsursachen:</u>
• Die Luft im Terrarium ist zu trocken. Was tun? Wasser versprühen.
• Wachstums- oder Stoffwechselstörungen. Was tun? Erfahrenen Terrarianer oder Tierarzt befragen.
• Streß durch Ortsveränderung. Was tun? Tier zur Ruhe kommen lassen.

<u>Direkte Hilfe:</u> Die Schlange in einem mit Wasser gefüllten Eimer oder einer Plastikdose, jeweils mit perforiertem Deckel, für mehrere Stunden einweichen. In den meisten Fällen wird sie die Haut im Wasser selbst abstreifen. Reicht das »Einweichen« noch nicht aus, so müssen Sie nachhelfen (→ PRAXIS Pflege, Seite 50/51).

Bei Schlangen beginnt die Häutung zunächst mit dem Abstreifen der Kopfhaut.

Häutung bei Echsen

Bei den Echsen geht das Häuten in Fetzen vor sich. Der Vorgang zieht sich bei einigen Arten derart lange hin, daß er am Kopf schon wieder beginnt, wenn er am Schwanz gerade beendet ist.

<u>Häutungsstörungen:</u> Auch bei den Echsen kommt es gelegentlich zu Häutungsproblemen, so daß ein genaues Überwachen erforderlich ist.

<u>Störungsursachen:</u> Außer den für die Schlangen genannten Ursachen gelten für Echsen noch folgende:
• Aggression durch Artgenossen. Was tun? Aggressoren trennen.
• Übervölkerung des Terrariums. Was tun? Weniger Tiere zusammen halten.

<u>Direkte Hilfe:</u> Helfen können Sie hier durch mehrfaches Besprühen mit Wasser, mindestens dreimal täglich, und Entfernen der aufgeweichten Hautfetzen mit der Pinzette.

Behutsam vorgehen, damit die Hilfe nicht zum Streß führt.

Häutung bei Schildkröten

<u>Landschildkröten</u> verlieren Hautfetzen meistens bei einem gelegentlichen Bad.

Als Terrarianer nehmen Sie zwar Tiere in Ihr Heim, beschäftigen sich jedoch nicht mit domestizierten Heimtieren, sondern mit Wildtieren, die keine Streicheleinheiten, aber viel persönliches Engagement verlangen.

Wasserschildkröten haben mit der Häutung überhaupt keine Probleme. Viele Arten stoßen auch die obere Schicht der Hornschilder mit ab.

Krallenpflege

Sofern kletternde Echsen nicht Haftlamellen an der Unterseite von Fingern und Zehen tragen, benötigen sie lange und scharfe Krallen, um überall Halt zu finden. Sind jedoch die Krallen von bodenbewohnenden Echsen und Schildkröten zu lang und krumm, müssen sie gekürzt werden. Zusätzlich zu Sand oder Laub beispielsweise eine Steinplatte einlegen, denn für überlanges Krallenwachstum ist neben mangelnder Aktivität unzureichender Abrieb verantwortlich.

Krallen kürzen: Das Einkürzen der Krallen können Sie mit einer kräftigen Nagelzange vornehmen. Achten Sie darauf, nur die Überlänge einzukürzen und nicht in den durchbluteten Teil der Kralle zu schneiden.

Mein Tip: Anfänger sollten sich diese Pflegemaßnahme unbedingt von einem Tierarzt, Zoofachhändler oder erfahrenen Terrarianer zeigen lassen.

Terrarientiere greifen und festhalten

Von Fall zu Fall werden Sie dazu gezwungen sein, eines Ihrer Tiere zu greifen und richtig festzuhalten. Das ist nicht immer einfach, denn sie sind schlüpfrig, schnell und wehrhaft.

Im Wasser lebende Amphibien: Mit einem Kescher fangen. Sollen sie festgehalten (fixiert) werden, erfolgt auch das am sichersten im Kescher, weil sie durch den Stoff griffiger werden.

An Land lebende Amphibien: Entweder ebenfalls mit dem Kescher fangen und fixieren oder von oben vor der Hüfte packen.

Schildkröten: Am Panzer fassen. Vorsicht bei beißenden Individuen. Diese

Check-up für den Urlaub

Durch eine Pseudo-Ruhezeit mittels Herabsetzen der Temperatur (→ Technik, Seite 13) können alle Lebensvorgänge im Terrarium erheblich verlangsamt werden. Dennoch müssen Sie eine zuverlässige Urlaubsvertretung finden und diese gründlich einweisen. Folgendermaßen können Sie die Urlaubspflege erleichtern:

• Durch eine Temperaturabsenkung von etwa 5 °C lassen sich viele Lebensvorgänge reduzieren. Also alle Heizer und Strahler abschalten, nur das für die Pflanzen notwendige Licht bleibt unverändert. Dadurch unterbleibt die Nahrungsaufnahme ganz oder größtenteils – und damit auch die Verschmutzung.

• Darauf achten, daß sich das Terrarium durch einfallende Sonnenstrahlen nicht aufheizt. Denn nicht nur die Tiere, vor allem auch die Pflanzen brauchen sonst erheblich mehr Wasser.

• Weil ein nötiger Wasserwechsel für Ihre Urlaubsvertretung meist die größte Belastung darstellt, reduzieren Sie den Appetit stark fressender Wasserschildkröten schon zwei Wochen vor der Reise durch Temperaturabsenkung. Das Terrarium am Tag vor der Abreise gründlich reinigen, die Tiere danach nicht mehr füttern. Auch Amphibien im Aquaterrarium schon zwei Wochen vor der Reise reduziert füttern. So fällt weniger Kot an, und ein Wasserwechsel ist dann während des Urlaubs nicht erforderlich.

• Ersparen Sie der Vertretung die Verabreichung von Vitaminen und Mineralstoffen.

Die Agakröte wurde zur Schädlingsbekämpfung in tropischen Ländern ausgesetzt.

greifen Sie im Bereich der Hinterbeine am Panzer, so daß auch Arten mit langem Hals Ihre Finger nicht erreichen.

<u>Kleinere Echsen:</u> Daumen und Zeigefinger einer Hand fassen schnell und zielsicher von oben den Hals einer kleinen bis mittelgroßen Echse und fixieren den Kopf seitlich mit sicherem Griff. Mit den freien Fingern den Rumpf des Tieres umfassen.

<u>Große Echsen:</u> Eine Hand umfaßt den Hals und die zweite die Schwanzwurzel sowie gleichzeitig die Hinterbeine, die nach hinten gestreckt seitlich am Schwanz fixiert werden.

<u>Widerspenstige Echsen:</u> Bei einem großen, sich wehrenden Tier auch die Vorderbeine mit der den Hals haltenden Hand sichern, weil strampelnde, scharfbekrallte Füße arge Wunden reißen können. Sie müssen bei starker Gegenwehr mit dem heftig peitschenden Schwanz rechnen, der Sie nicht nur verletzen, sondern mit dem sich das Tier auch selbst beschädigen kann.

<u>Wichtig:</u> Behutsam vorgehen bei kleineren Arten, die den Schwanz abwerfen können wie Geckos (→ Skelett und Muskulatur, Seite 4). Hier umschließt die haltende Hand den Schwanz besonders gefühlvoll.

<u>Schlangen:</u> Ähnlich wie Echsen lassen sich auch Schlangen greifen und halten, nur haben Sie es in dem Fall mit einem langen, sich stark windenden Körper zu tun. Im Gegensatz zu den meist flüchtenden Echsen setzen sich Schlangen in Abwehrposition und sind mit einem Biß schneller an Ihrer Hand als diese am Hals der Schlange.

Mein Tip: Die Schlange mit einem Tuch abdecken, um sie orientierungslos zu machen, und sie mit dem Tuch greifen.

Gehen Sie bei den notwendigen Reinigungs- und Pflegemaßnahmen möglichst behutsam vor, um die Tiere keinem unnötigen Streß auszusetzen. Das Versorgen der Tiere soll immer erst im Anschluß an die Reinigungsarbeiten erfolgen.

Reinigungsutensilien

Für die regelmäßigen Reinigungsarbeiten werden Schaufel, Spachtel, Pinzette, Schwamm, Bürste und Fensterleder benötigt, die immer nach Gebrauch gründlich zu säubern sind.

Wichtig: Benutzen Sie für mehrer Terrarien dieselben Utensilien, so müssen diese vor jedem Beckenwechsel gründlichst desinfiziert werden, da die Gefährdung durch Infektion und Verschleppung von Parasiten bei den einzelnen Tierarten unterschiedlich ist.

Achtung: Angewendete Desinfektionsmittel müssen wasserlöslich und leicht unter fließendem Wasser zu entfernen sein, damit Tiere und Pflanzen nicht durch Rückstände geschädigt werden.

Tägliche Pflegemaßnahmen

• Kot und Harn entfernen. Sind die Fäkalien am Boden abgesetzt, dann mit Spachtel oder Schaufel auch das durchfeuchtete Substrat entfernen. Gleichzeitig ebenfalls die Kotkonsistenz kontrollieren (→ Krankheiten, Seite 56).

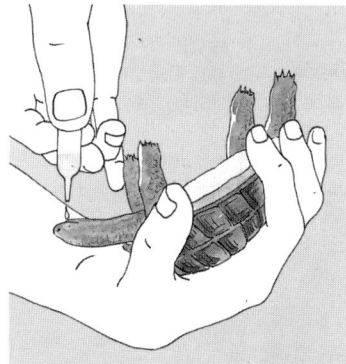

1 So halten Sie eine Schildkröte fest, um ihr ein Medikament einzugeben.

• Sind Fäkalien im Wasserbecken abgesetzt, dann das Wasser ganz auswechseln, ansonsten mit frischem Wasser auffüllen.
• Zerwühlten Boden glätten.
• Futterreste entfernen. Diese keinesfalls in anderen Terrarien anbieten, um keine Infektionen zu verbreiten.
• Im unbepflanzten Regenwaldterrarium durch Versprühen von Wasser für Luftbefeuchtung sorgen.
• Pflanzen gießen oder besser besprühen (→ Seite 19), abgestorbene Blätter entfernen.

Mein Tip: Das Sprühen sollte immer mit Beginn der Aktivitätsphase geschehen (→ Tierporträts, ab Seite 34), damit Pflanze und Tier durch den »Taufall« erfrischt werden.
• Terrarienscheiben reinigen. In der Eingewöhnungszeit allerdings nur, wenn die Verschmutzung wirklich störend wirkt, da das Scheibenputzen eine für die Tiere mit Streß verbundene Störung ist.

• Füttern nach Bedarf (→ Ernährung, Seite 44).

Terrarienboden auswechseln

Spätestens dann, wenn der anfangs frische Erdgeruch einem unangenehmen »Duft« weicht, ist es Zeit, den Boden auszuwechseln. Das Bodensubstrat kann sowohl in Abhängigkeit von der Besatzdichte des Beckens tiefgründig verschmutzen, als auch durch übermäßiges Gießen oder überschwappendes Beckenwasser versumpfen. In einem solchen Fall wird es gänzlich entfernt und durch neues Substrat (→ Seite 24) ersetzt.

Tiere ausquartieren: Sind umfangreiche Arbeiten im Terrarium erforderlich, wie das Auswechseln des Bodens oder das Einbringen neuer Dekorationen und Pflanzen, so werden die Tiere für die Dauer dieser Arbeiten ausquartiert (→ Terrarientiere greifen, Seite 48). Als Ausweichquartier bietet sich das Quarantäneterrarium an.

Mein Tip: Für wenige Stunden ist ein dunkler, aber ausbruchsicherer Karton besser als ein kleines, helles Terrarium, in dem die Tiere orientierungslos umherirren.

Wasseraustauch

Sobald das Wasser eines Aquaterrariums durch Fäkalien oder Futterreste verschmutzt ist, muß es gewechselt werden. Hierzu wird das Wasser mit einem Schlauch in einen Eimer geleitet. Den Schlauch mit Wasser füllen, mit den Daumen beidseitig verschließen, je ein Ende in Becken sowie Eimer halten und dann

usschaut und
und Hals fi-
zappelnde
Beutel

n Vorsicht,
nen auch
durch ge-
ei Verletzun-
chen (→
, Seite 63).

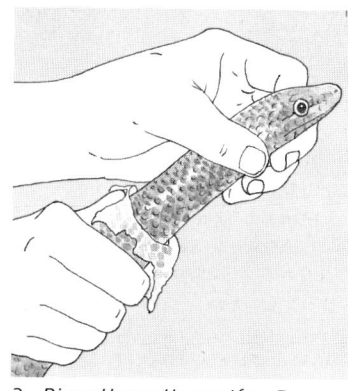

3 *Pinzettenartig greifen Dau-*
men und Zeigefinger den Kopf
der Schlange.

er Schlange
erden (→
Seite 45), ist
n und Zeige-
and seitlich
fixieren. Der
n Echse wird
ern der lin-
. Größere
gen kom-
er in einen
en). Wenn
oder Ab-
eißt, kann
besser ein
eterinärärzt-
ns Maul ge-
ut es das
echte Hand –
rson – das
Zug so weit
oder Speku-
verden
vorsichtig
Nahrung ein-
Prozent der
t etwas
emacht.
ichte Multi-
e Gaben
aus Rin-
Serum,
dauungstä-

tigkeit positiv. Diese Maßnahme
ist nötigenfalls wöchentlich zu
wiederholen. Wechseln Sie dabei häufig das Nahrungsangebot, um den Appetit des Tieres
anzuregen.

**Praktische Häutungshilfe bei
Schlangen**
Zeichnung 3
Reicht das bereits beschriebene
»Einweichen« als direkte Hilfs-
maßnahme bei Häutungsstö-
rungen nicht aus (→ Seite 47),
so müssen Sie praktische Hilfe-
stellung leisten:
Die Schlange wird mit einem
sanften »Pinzettengriff« von
Daumen und Zeigefinger am
Kopf fixiert. Der Länge nach
lassen Sie das Reptil dann durch
Ihre rundum fest anliegende
andere Hand kriechen, mit der
Sie einen sanften Druck aus-
üben und dem Tier dadurch
beim Abstreifen der alten Haut
behilflich sind.

Terrarientiere züchten

Wie sich Amphibien fortpflanzen

Um bei den Amphibien den Fortpflanzungszyklus auszulösen, ist eine optimale Haltung Voraussetzung. Oft sind Tageslänge, Klima oder auch lediglich Klimaveränderungen, beispielsweise bei Gewitter, entscheidende Auslöser.

Hinweis: Ausschlaggebend für den Erfolg kann es sein, mehrere Exemplare ausschließlich einer Art in einem Terrarium zu pflegen, damit eine echte Partnerwahl stattfinden kann.

Geschlechtsmerkmale

Die Geschlechtsbestimmung ist auch für Kenner schwierig, denn vielfach sind die Unterschiede nur während der Fortpflanzungszeit zu erkennen.

• Bei den meisten Amphibien sind die Weibchen größer und kräftiger.

• Bei den Männchen der Schwanzlurche beispielsweise ist die Kloakenregion stark verdickt.

• Manche männlichen Froschlurche sind an ihrer dunkleren Kehle – der ruhenden Schallblase – zu erkennen. Andere zeigen hornige, meist dunkel gefärbte Brunstschwielen an Armen, Händen oder Fingern.

Laichverhalten der Schwanzlurche

Die meisten Schwanzlurche suchen zur Laichzeit das Wasser auf. Während der Balz setzt das Männchen die Spermien in Form einer Kapsel – der Spermatophore – am Boden des Gewässers ab, wo sie von der Kloake des Weibchens aufgenommen werden. Das Weibchen setzt bald darauf den Laich, oft mehrere hundert Eier, an Wasserpflanzen ab.

Laichverhalten der Froschlurche

Überwiegend klammern sich die Männchen rittlings an die Weibchen (→ Zeichnung, Seite 55), und im Wasser schwimmend wird der Laich abgesetzt und gleichzeitig befruchtet.

Von der Larve zum Lurch

Alle im Porträtteil beschriebenen Amphibien setzen gallertartige, dotterarme Eier im Wasser ab, aus denen nach einer bis vier Wochen kiemenatmende Larven schlüpfen. Diese kleinen, kugelförmigen Wesen mit langem Schwanz, bei den Froschlurchen Kaulquappen genannt, fressen ständig und wachsen relativ rasch heran.

Metamorphose: Nach weiteren wenigen Wochen beginnt mit der Metamorphose die Umwandlung von der im Wasser lebenden Larve zum Landtier. Bei den Schwanzlurchen wachsen zuerst die Vorderbeine, bei den Froschlurchen erst die Hinterbeine. Mit der Ernährungsweise ändert sich die Bezahnung, außerdem bilden sich die Kiemen zurück. Von der Entstehung der Lungen und den Veränderungen im Verdauungtrakt ist äußerlich nichts zu sehen, wohl aber von der Rückbildung des Schwanzes bei den Froschlurchen. Ist die Umwandlung nach vier bis sechs Wochen abgeschlossen, verlassen die meisten als fertige Lurche das Wasser, um überwiegend an Land zu leben.

Ausnahmen: Eine der zahlreichen Ausnahmen unter den Schwanzlurchen ist der Axolotl, der auch weiterhin mit Kiemen atmet und das Wasser nicht

Die Berberkröte ist ein lebhafter Froschlurch, der in Nordafrika beheimatet ist. Seine Tarnfarbe weist auf den Lebensraum hin.

Stachelleguane sind gesellig lebende Bewohner trockenheißer Lebensräume .

verläßt. Eine Ausnahme unter den Froschlurchen ist der Krallenfrosch, der zwar eine vollkommene Metamorphose durchmacht, also zum Lungenatmer wird, das Wasser jedoch ebenfalls nicht verläßt.

Hinweis: Im Aquaterrarium abgesetzter Laich wird bei gleicher Temperatur in einem separaten kleinen Aquarium gepflegt, da das Wasser durch zerfallenden Laich sowie verstärkte Fütterung der Larven überdurchschnittlich belastet würde.

Mein Tip: Frei im Wasser schwimmenden Laich mit dem Kescher, an Pflanzen gehefteten Laich zusammen mit diesen in den Aufzuchtbehälter umsetzen. Um die Wasserqualität zu erhalten, ist intensive Filterung sowie häufiger Wasserwechsel angebracht.

Wie sich Reptilien fortpflanzen

Auch bei den Reptilien sind Männchen und Weibchen oft nicht deutlich zu unterscheiden. Erfahrene Terrarianer können von der Kloake aus die schwanzwärts angeordneten Taschen des Hemipenis (→ Paarung) mancher Echsen und Schlangen mit einer Sonde bestimmen.

Geschlechtsmerkmale

Schildkröten: Geschlechtsreife Schildkröten sind noch am einfachsten zu unterscheiden. Bei den Männchen ist der Bauchpanzer eingedellt, der Schwanz länger und stärker, und die Kloake befindet sich meistens weiter vom Schwanzansatz entfernt als beim weiblichen Tier.

Echsen: Die meisten Echsenmänner sind durch mehr oder minder auffällige Kämme und Hautlappen an Kopf, Kehle, Rücken oder Schwanz geziert. Viele werden auch größer als die Weibchen. Geschlechtsabhängige Hautdrüsen sind deutlich bei männlichen Geckos und Agamen zu erkennen. Geschlechtsreife Leguan-Männer sind oft an einem deutlich stärkeren, unten wulstigen Schwanzansatz zu erkennen.

Schlangen: Die in der Regel etwas kleineren Männchen der Schlangen haben oft einen stärkeren Schwanzansatz und gelegentlich einen etwas längeren Schwanz.

Balzverhalten

In der Paarungszeit können Sie bei tagaktiven Reptilien vielfältige Formen der Balz beobachten:

• Männchen der Landschildkröten verfolgen und bedrängen die Weibchen laut rufend.

• Wasserschildkröten sind ebenso eifrige wie rabiate Liebhaber, und es kann durchaus notwendig werden, die Tiere zur Schonung der Weibchen zu trennen.

• Echsen präsentieren beim Balzen kopfnickend die Kehlwamme, andere führen mit dem Kopf rasche Nick- und Pendelbewegungen aus.

• Selbst Schlangen entwickeln ungeahnte Aktivitäten im Hinblick auf die Arterhaltung, dabei verfolgen oft mehrere Männchen ein Weibchen.

• Reptilienmännchen, die während der längsten Zeit des Jahres friedlich zusammenleben, können in der Paarungszeit außerordentlich aggressiv sein, sich verfolgen, beißen und sogar umbringen.

Mein Tip: In dieser Zeit verstärkt beobachten und schon bei ersten Aggressionen die Kämpfer trennen. Dafür können Sie das Quarantäneterrarium nutzen.

Paarung

Die Geschlechtsorgane aller Reptilien ruhen in der bauchwärts gelegenen Kloakenspalte. Schildkröten und Panzerechsen haben einen Penis mit Samenfurche, Echsen und Schlangen den zweigeteilten (paarigen) Hemipenis. Aufgrund anatomischer Gegebenheiten reiten bei der Paarung nur die Schildkröten auf, während Schlangen- und Echsenmännchen sich den Weibchen seitlich nähern und versuchen, mit der Kloake möglichst nahe an die des Weibchens zu gelangen. Es erigiert der Teil des Hemipenis, der dem Weibchen am nächsten ist. Um eine sichere Verbindung zu gewährleisten, sind die Hemipenes gefurcht und mit »Widerhaken« und »Dornen« versehen.

Eiablage

Schildkröteneier sind hartschalig, Echsen und Schlangen legen weichschalige Eier. Nur einige Geckos wie der Tokeh produzieren gleichfalls hartschalige Eier. Die Eiablage erfolgt in der Regel im Boden, wo die nötige Substratfeuchte vorhanden ist. Tokeh-Weibchen legen ihre hartschaligen Eier unter Umständen auch in Holz- oder Steinspalten ab.

Ausbrüten im Brutbehälter

Die Eier sollten in einen Brutapparat überführt werden. Zum einen wird die Klimatisierung im Terrarium meist unzureichend sein, zum anderen besteht die Gefahr, daß erwachsene Reptilien die Eier ausgraben und beschädigen beziehungsweise die Schlüpflinge verfolgen und fressen.

Brutapparate und Kunstglucken für Reptilieneier bietet der Zoofachhandel an. Ein ausgedientes Aquarium, in dem ein Elsteinstrahler oder ein Heizkabel mit einem Thermostat installiert wird, um eine konstante Temperatur zwischen 26 und 30 °C zu gewährleisten (→ Technik, Seite 13), eignet sich aber für diesen Zweck genausogut. Das Umbetten der empfindlichen Eier erfolgt unmittelbar nach dem Auffinden.

• Eine verschließbare Kunststoffdose zunächst zur Hälfte mit Vermiculit (Zoofachhandel) füllen.

• In das so vorbereitete Substrat die Eier mit behutsamer Hand betten und mit einer etwa 2 cm dicken Vermiculitschicht abdecken. Nur die hartschaligen Geckoeier nicht abdecken.

• Dann das Gefäß verschließen – einige Luftlöcher, 2 mm groß, nicht vergessen – und in den Brutbehälter stellen.

Achtung: Die Eier dürfen nicht verdreht werden, weil der Keimling fixiert ist und bei einer Verlagerung des Eis durch das Dotter erstickt würde.

Lebendgebärende Reptilien

Oviparie wird die gerade geschilderte Form der Fortpflanzung durch Eier genannt, Viviparie heißt die Entwicklung des Keimlings bei Säugetieren. Dazwischen gibt es eine Menge Entwicklungsformen, bei denen der Keimling zwar vom mütterlichen Organismus unterschiedlich versorgt wird, aber keine Verbindung mit dem Blutkreislauf der Mutter besteht.

Schildkröten pflanzen sich generell ovipar fort. Bei lebendgebärenden Echsen und Schlangen (Strumpfbandnatter) schlüpfen die Jungen vor, während oder unmittelbar nach der Eiablage aus der Eihaut.

Aufzucht junger Reptilien

Eine Betreuung durch die Mutter oder den Vater findet nicht statt. Nicht selten laufen die Jungtiere sogar Gefahr, von den Eltern gefressen zu werden. Daher müssen sie von den Eltern getrennt aufgezogen, aber unter den gleichen Bedingungen wie die Alttiere gepflegt werden (→ Tierporträts, ab Seite 35). Die Futtertiere sind allerdings entsprechend kleiner und die vegetarische Nahrung etwas zarter. Zur Aufzucht reicht ein Plastik- oder Glasbecken, das Sie mit Gaze abdecken. Auf keinen Fall darf die Temperatur im Aufzuchtterrarium höher sein, denn Jungtiere sind keineswegs wärmebedürftiger als ihre Eltern.

Bei der Paarung klammert sich das Froschlurchmännchen rittlings an das Weibchen.

Die häufigsten Krankheiten

Der Tokeh stammt aus Asien und lebt dort auch in menschlichen Siedlungen. In den Abendstunden ruft er laut schallend »to-ke, to-ke«.

Vorsorgemaßnahmen

Quarantäne: Sie ist deshalb so wichtig, weil Terrarientiere auf dem Weg von ihrem angestammten Lebensraum oder ihrem Geburtsort bis zu Ihnen vielen Streßbelastungen und möglichen Ansteckungsgefahren ausgesetzt sind. Im Quarantäneterrarium haben Sie außerdem eine bessere Gelegenheit, neue Tiere genau zu beobachten.

Tiere genau beobachten: Beobachten heißt nicht allein, nach krankhaften Veränderungen zu sehen, sondern auch Veränderungen im Verhalten zu registrieren. Weil Ihnen die üblichen Reaktionen eines neuen Tieres noch nicht bekannt sind, sollten Sie hierbei den Rat eines erfahrenen Terrarianers suchen.

Verhaltensweisen notieren: Hilfreich sind tägliche Aufzeichnungen über alle Verhaltensweisen einschließlich Nahrungsaufnahme und Verdauung. Aus den Meßdaten von Temperatur und Luftfeuchtigkeit lassen sich ebenfalls wichtige Rückschlüsse ziehen.

Erfahrungen austauschen: Als Ansprechpartner bietet sich eine der Untersuchungsstellen für Amphibien- und Reptilienkrankheiten an (→ Seite 62), die auch für die Untersuchung von Kotproben, die weiterhin jährlich erfolgen sollte, kompetente Partner sind.

Wichtig: Experimentieren Sie nicht selbst, denn es geht unnötig Zeit verloren durch unspezifische oder gar falsche Maßnahmen. Verabreichen Sie auch auf keinen Fall fortwährend »vorbeugend« Medikamente in kleiner Menge.

Optisch wahrnehmbare Kotveränderungen

Normalerweise ist der Kot zu Ballen geformt, von bräunlicher oder, bei Gras- und Blattnahrung, grünlicher Farbe und riecht nicht auffällig. Je nach aufgenommener Nahrung enthält er Haare, Zähne, Krallen, Chitin, Pflanzenfasern, nicht selten auch Sand und Steinchen.

Krankheitsanzeichen:
• Ist der Kot breiig-dünnflüssig und riecht durchdringend, kann dies an einer Nahrungsumstellung liegen. Es kann sich aber auch um eine Entzündung im Verdauungstrakt handeln.
• Enthält der Kot Blut, so weist das auf eine Schädigung des Darmes hin.

Behandlung: Kotproben frisch sammeln und rasch zur Untersuchungsstelle bringen oder schicken.

Entzündungen im Verdauungstrakt

Anzeichen: Aktivität erheblich verringert, Nahrungsverweigerung, breiiger und übelriechender Kot, gerötete oder schmierige Kloake. Infektion, durch Bakterien oder Viren hervorgerufen und durch falsche Haltung begünstigt.

Behandlung: Der Tierarzt wird aufgrund der Ergebnisse vorangegangener Kotuntersuchungen eine spezifische Behandlung einleiten.

Wichtig: Da sichtbare Anzeichen oft erst relativ spät wahrgenommen werden können, umgehend den Tierarzt aufsuchen.

Endoparasiten

Anzeichen: Außer Würmern, die bei starkem Befall im frisch abgesetzten Kot

Das Jemen-Chamäleon ist leichter zu pflegen als andere Chamäleon-Arten.

zu beobachten sind, werden Sie von der großen Zahl möglicher Eingeweideparasiten nichts bemerken, die gleichwohl Auszehrung, Vergiftungen und Entzündungen des Verdauungstraktes verursachen können.

Behandlung: Die Untersuchungsstelle oder der Tierarzt wird möglicherweise Amöben, Flagellaten, Band-, Spul-, Maden- oder Haarwürmer nachweisen und die entsprechenden Medikamente verordnen.

Milben

Anzeichen: Weißgraue Ablagerungen auf der Haut von Reptilien deuten auf einen Milbenbefall hin, oft bevor Sie die kaum stecknadelkopfgroßen, schwärzlichen Parasiten entdecken. Milben leben vom Blut des Wirtstieres und perforieren mit Vorliebe die weichen Hautpartien unter den Schuppen. Allgemeine Schwächung und Streß durch ständigen Juckreiz sind dann die Folge.

Behandlung: Stellen Sie den Befall schon beim Kauf fest (→ Außenparasiten, Seite 30), dann tauchen Sie den Transportbeutel in eine 0,2prozentige Neguvon-Lösung und lassen das Tier für einige Stunden in dem wieder abtrocknenden Beutel. Stellen Sie Milbenbefall in Ihrem Terrarium fest, die Tiere sowie den Behälter gründlich mit der Lösung besprühen. Die Düse der Sprühflasche möglichst fein einstellen.

Achtung: Reptilien mit größeren Hautwunden und Geckos nicht damit behandeln. Hier bietet sich das Einhängen von speziellen Insekten-Strips aus dem Zoofachhandel nach Gebrauchsanweisung an.

Zecken

Anzeichen: Zecken sind bis zu 3 mm große, stark abgeflachte Gliederfüßer, die sich unter den Schuppen und in weichen Hautpartien festbeißen und Blut saugen.

Behandlung: Wie bei Milbenbefall. Wenn aufgrund starker Hautschädigung die Anwendung von Neguvon nicht möglich ist, kann partielles Einfetten mit Lebertransalbe langfristig erfolgreich sein.

Mein Tip: Da die Salbe das Terrarium verschmiert, das Tier besser im Quarantäneterrarium behandeln.

Äußere Verletzungen

Anzeichen: Bißverletzung, Quetschwunde, abgebrochener Schwanz, abgequetschte Zehe.

Behandlung: Handelt es sich um kleine Wunden, können sie mit Antibiotikumoder Sulfonamidpuder oder ebensolchen Salben behandelt werden. Keine Pflaster oder Verbände anbringen. Unterbringung möglichst steril im Quarantäneterrarium. Bei größeren Verletzungen zum Tierarzt gehen.

Maulfäule, Kiefervereiterung

Anzeichen: Ablagerung von festem Schleim, Abszesse, großflächiger Gewebezerfall im Bereich des Zahnfleisches und in der Mundhöhle.

Behandlung: Mit Kamillentinktur abtupfen. Zum Tierarzt gehen.

Mein Tip: Zur Erhöhung der Abwehrkräfte ein Multivitaminpräparat nach Gebrauchsanweisung eingeben.

Hautgeschwüre

Anzeichen: Stecknadelkopf- bis pfenniggroße Abszesse in der Haut, für die häufig Stoffwechselstörungen die Ursache sind.

Behandlung: Der Tierarzt spaltet die Abszesse, reinigt den Wundbereich und verordnet eine Behandlung.

Mein Tip: Für ausreichende Vitaminversorgung und regelmäßige UV-A-Bestrahlung sorgen.

Nicht alle Tiere werden im Terrarium uralt. Aber Landschildkröten können über 50 Jahre, Riesenschlangen immerhin mindestens 40 Jahre, große Leguane 25 Jahre und mehr, Chamäleons dagegen nur 2 bis 3 Jahre alt werden.

Hautpilze bei Reptilien

Anzeichen: Schorfige, manchmal auch blutunterlaufene Hautveränderungen, in der Regel ohne Eiterbildung, verursacht durch Hautpilze, die meist durch zu feuchte Klimaverhältnisse begünstigt werden.

Behandlung: Der Tierarzt nimmt eine Gewebeprobe und versucht ein wirksames Medikament zu ermitteln.

Hinweis: Behandlung langwierig.

Hautpilze bei Amphibien

Anzeichen: Weiße, wattebauschartige Beläge, darunter gelegentlich auch blutunterlaufene Wunden. Die auch Wasserschimmel genannte Krankheit tritt meist als Folgeerscheinung einer anderen, häufig nicht erkannten Hauterkrankung bei im Wasser lebenden Amphibien auf.

Behandlung: Mit Präparaten gegen Verpilzung bei Zierfischen nach Gebrauchsanweisung.

Lungenentzündung

Anzeichen: Aktivität erheblich verringert, Nahrungsverweigerung, Schaum auf den Nasenlöchern, ruckartiges Öffnen und Sperren des Maules, meistens deutlich hörbare, röchelnde Atemgeräusche. Infektion, die durch unzureichende Klimatisierung, beispielsweise mangelde Nachtabsenkung der Temperatur, begünstigt wird.

Behandlung: Die Infektion wird vom Tierarzt mit Antibiotika oder Sulfonamiden behandelt.

Mein Tip: Abwehrkräfte durch Vitamingaben stärken.

Augenentzündungen, Augenlidschwellungen

Anzeichen: Rötungen des Auges und auffallende Schwellungen der Lider. Vitaminmangel, aber auch unhygienische Haltungsbedingungen können die

In einer Schachtel sind Schildkröten und andere Reptilien für den Transport zum Tierarzt gut verpackt.

Ursache sein. Ist nur ein Lid geschwollen, liegt wahrscheinlich eine Verletzung vor.

Behandlung: Der Tierarzt wird bei einer Entzündung Augentropfen verordnen, bei Schwellungen Vitamine injizieren. Als flankierende Maßnahme wenigstens vier Wochen täglich ein Multivitaminpräparat nach Gebrauchsanweisung eingeben.

Rachitis

Anzeichen: Verkrümmungen der Wirbelsäule, der Gliedmaßen, des Schwanzes und der Kiefer. Bei Schildkröten weicher Panzer. Knochenerweichung durch unzureichende Calciumeinlagerung im Skelett. Mangelnde UV-Strahlung, zu geringe Vitamin- und Mineralstoffzugaben, individuelle Stoffwechselstörungen, aber auch das sogenannte Mästen von Tieren, die in unzureichendem Raum zu warm gehalten werden, können die Ursache sein.

Behandlung: Hohe Multivitamin- und Calcium-Gaben.

Sachregister

Die **halbfett** gesetzten Seitenzahlen verweisen auf Farbfotos und Zeichnungen. U=Umschlagseite

Aus Liebe und Verantwortung

Heimtiere machen nicht nur Kindern, sondern der ganzen Familie viel Freude. Und ob Hund, Hamster oder Wellensittich – wer sich einmal an den kleinen Liebling gewöhnt hat, möchte ihn nicht mehr missen. Deshalb ist es wichtig, über die Bedürfnisse der Tiere wirklich Bescheid zu wissen. Die **GU Tier-Ratgeber** – von anerkannten Autoren geschrieben – sind ideal als Helfer bei der artgerechten Haltung mit Herz und Verstand. GU Ratgeber gibt es zu allen beliebten Tierarten. Sie sind auch für Kinder geeignet, die ihr Tier selbst versorgen wollen.

Adressen

Vereine

DGHT Deutsche Gesellschaft für Herpetologie und Terrarienkunde e. V. Geschäftsstelle: Andreas Mendt, Locher Straße 18, 53359 Rheinbach. In vielen Städten der BRD haben sich Stadtgruppen, in der Schweiz eine Landesgruppe etabliert; die Anschriften erhalten Sie in der Geschäftsstelle.

Untersuchungsstellen

GeVo Diagnostik, Gesellschaft für medizinische und biologische Untersuchungen mbH, Jakobstr. 65, 70794 Filderstadt. Institut für Zoologie und Hydrobiologie, Tierärztliche Fakultät der Universität München, Luisenstr. 14-16, 80333 München.

Der Riesenlaubfrosch lebt in seinem natürlichen Lebensraum auf großen Blättern in der Nähe von Gewässern.

Bücher, die weiter helfen

Griehl, K.: *Schlangen*. Gräfe und Unzer Verlag, München.
Hackbarth, R.: *Krankheiten der Reptilien*. Kosmos Verlag, Stuttgart.
Jes, H.: *Echsen als Terrarientiere*. Gräfe und Unzer Verlag, München.
Nietzke, G.: *Fortpflanzung und Zucht der Terrarientiere*. Landbuch-Verlag, Hannover.
Rauh, W.: *Bromelien*. Verlag Eugen Ulmer, Stuttgart.
Scheuermann, I.: *Pflanzen fürs Aquarium*. Gräfe und Unzer Verlag, München.
Wilke, H.: *Schildkröten*. Gräfe und Unzer Verlag, München.

Zeitschriften

Das Aquarium. Birgit Schmettkamp Verlag, Bornheim.
DATZ. Die Aquarien- und Terrarien-Zeitschrift. Eugen Ulmer Verlag, Stuttgart.
Herpetofauna. Die Zeitschrift für den Terrarianer. Herpetofauna Verlag Weinstadt.
Salamandra und Elaphe. Zeitschrift für Herpetologie und Terrarienkunde. Herausgegeben von der Deutschen Gesellschaft für Herpetologie und Terrarienkunde e.V.

Sauria. Terraristik und Herpetologie. Terrariengemeinschaft Berlin e.V.

Der Autor
Harald Jes war 26 Jahre Leiter des Kölner Aquarium am Zoo, an dessen Aufbau und Entwicklung er maßgeblich mitgewirkt hat. Er befaßt sich seit mehr als 40 Jahren mit der Haltung von Amphibien und Reptilien, wobei sein besonderes Interesse der Zucht dieser Tiere gilt. Innerhalb seines Aufgabenbereichs war er auch als Ausbilder und Prüfer zum Beruf des Tierpflegers und Tierpflegermeisters tätig.

Die Fotografen:
Cramm: Seite 32 o.re., 40, 52; Dossenbach: Seite 20 u.li.; Hoppe: Seite 64/U3; Kahl: Seite U2, 4, 5, 29, 32 o.li., 33 o.li., mi., 37 u.; Karbe: Seite 20 o.li., 56; König: Seite 20 o.mi., 25, 32 u.li., u.re., 33 u., 41, 44, 45; Lange: Seite 28; Nieuwenhuizen: Seite 49; Bilder Pur/Okapia/McDonald: Seite 57; Reinhard: Seite U1, 9, 12, 17, 20 u.re., 21 (alle), 37 o., mi., 53, U4; Schrempp: Seite 20 o.re.; Ziehm: Seite 8, 33 o.re.

Wichtige Hinweise
In diesem Ratgeber geht es um die Einrichtung von Terrarien und die Haltung von Terrarientieren. Alle elekrischen Geräte müssen geprüft und mit dem TÜV-, GS- oder VDE-Zeichen gekennzeichnet sein. Im Feuchtbereich eingesetzte Lampen müssen spritzwassergeschützt sein. Untergetaucht eingesetzte Geräte müssen dafür auch geeignet sein. Bei allen Arbeiten in Zusammenhang mit Wasser die Netzstecker der Geräte herausziehen. Ist Ihre Stromversorgung noch nicht mit einem zentralen Fehlerstrom-Schutzschalter (FI-Schalter) abgesichert, empfiehlt sich die Anschaffung eines mobilen FI-Schalters, der für jede Steckdose geeignet ist.
Im Umgang mit Terrarien- und Futtertieren ist auf strenge Hygiene zu achten. Stacheln oder Säfte mancher Terrarienpflanzen können Schäden auf der Haut, den Schleimhäuten und in den Augen verursachen. Deshalb nach der Berührung mit Tieren und Pflanzen die Hände gründlich reinigen, ins Gesicht gelangte Spritzer sofort abspülen und Kinder entsprechend aufklären. Bei Verletzungen zum Arzt gehen. Bei der Bearbeitung von Steinen Schutzbrille und Arbeitshandschuhe tragen. Beim Herstellen von Kunstfelsen die Gebrauchsanweisung besonders beachten.

Der Zeichner
György Jankovics ist ausgebildeter Grafiker. Er studierte an den Kunstakademien von Budapest und Hamburg. Für eine Reihe angesehener Verlage zeichnet er Tier- und Pflanzenmotive. Auch für die GU Redaktion Natur hat er bereits viele Titel illustriert.

Dank
Autor und Verlag danken Dr. Ekkehard Wolff vom Münchner Tierpark Hellabrunn für die kritische Durchsicht des Krankheiten-Kapitels sowie Rechtsanwalt Reinhard Hahn für die juristische Beratung.

Die Fotos auf dem Buchumschlag
Umschlagvorderseite: Leopardgecko
Umschlagrückseite: Stachelleguan

© 1996 Gräfe und Unzer Verlag GmbH, München.

Redaktion:
Anita Zellner
Lektorat:
Barbara Wurzel
Umschlaggestaltung:
Heinz Kraxenberger
Zeichnungen:
György Jankovics
Satz und Layout:
Michael Bauer,
Weißenfeld
Reproduktion:
Penta, München
Produktion:
Eva Hehemann
Druck und Bindung:
Stürtz, Würzburg

ISBN 3-7742-2627-X

Auflage 4. 3. 2.
Jahr   99 98 97

Bartagamen werden bis zu 55 cm lang und sind in Australien beheimatet. Sie fühlen sich wohl, wenn sie in einem Wüstenterrarium gepflegt werden, eingerichtet mit Sandboden, Steinen und Ästen, auf denen sie gern klettern und ruhen.